21 世纪中职教育规划教材

个人投资理财
GE REN TOU ZI LI CAI

主　编　经严丽

副主编　王清星

立信会计出版社

图书在版编目(CIP)数据

个人投资理财/经严丽主编. —上海：立信会计出版社，2010.2（2021.1 重印）
ISBN 978-7-5429-2457-5

Ⅰ.①个… Ⅱ.①经… Ⅲ.①私人投资－专业学校－教材 Ⅳ.①F830.59

中国版本图书馆 CIP 数据核字（2010）第 023066 号

策划编辑　　余　榕
责任编辑　　余　榕
封面设计　　周崇文

个人投资理财
Geren Touzi Licai

出版发行	立信会计出版社			
地　　址	上海市中山西路 2230 号	邮政编码	200235	
电　　话	(021)64411389	传　真	(021)64411325	
网　　址	www.lixinaph.com	电子邮箱	lixinaph2019@126.com	
网上书店	http://lixin.jd.com		http://lxkjcbs.tmall.com	
经　　销	各地新华书店			
印　　刷	常熟市华顺印刷有限公司			
开　　本	787 毫米×1092 毫米　　1/16			
印　　张	9.5			
字　　数	223 千字			
版　　次	2010 年 2 月第 1 版			
印　　次	2021 年 1 月第 10 次			
印　　数	26 301—29 400			
书　　号	ISBN 978-7-5429-2457-5/F			
定　　价	29.00 元			

如有印订差错，请与本社联系调换

总　　序

　　我国社会主义市场经济的发展,需要大量不同层次的经济管理人才,不仅需要高层次的高级管理人才,如本科和高职高专等人才,也需要大量中职水平的适用性人才。培养结构合理的经济管理人才是社会的需要,也是教育工作者的责任和追求。近几年来,在政府的大力支持下,中等职业教育发展很快,它与高职高专相比更具有行业性和实践性,与实际工作联系更加紧密,学生毕业后能尽快地成为第一线的工人或基层管理人员,这也是我国中等职业教育的目的所在。但目前我国中等职业教育的教材滞后,或是本科教材和高职教材的"压缩饼干",其主要原因是没有突出行业性和实践性的特点,理论论述所占的篇幅过多,这就需要改进,也需要广大教育工作者或其他有识之士完成这项工作。本规划教材正是本着这样的思想,为适应我国中等职业教育的特点而编写的。

　　本规划教材的特点在于:理论论述适中,注重操作技能的培养,与当前的有关制度和具体实践相结合,目的在于让使用本规划教材的学生在熟悉必要的理论知识的前提下,系统地掌握实际工作的业务处理技术和方法,成为经济生活中第一线的具有较强操作技能的工作人员。

　　本规划教材由蒋金森担任总主编,根据目前我国中等职业教育开设的课程进行总的设计,并组织各中等职业学校具有高级职称的教师担任各本教材的主编,由富有丰富教学经验的骨干教师参加编写。本规划教材具有较强的适用性。其编写特点是:每章前均有内容提要,起到了提纲挈领的作用,方便读者领会本章的重点、要点和难点;每章后附有思考题和练习题,以使读者通过学习掌握本章的主要内容和具体的业务处理方法;在每本教材的最后附有练习题答案,还附有模拟试题及其参考答案,以使读者能够把整本教材的内容真正地融会贯通,增强操作技能。本规划教材适用于中等职业教育的教学使用,也可以作为在职经济工作者进修和自学教材使用。

  本规划教材的出版得到立信会计出版社的大力支持,尤其是余榕编辑的鼎力协助才促使本规划教材得以顺利出版,在此表示衷心的感谢。

  由于编者的学识有限,加之编写时间仓促,特别是对中等职业教育的精神领会尚不够深刻,本规划教材难免会有不足之处,恳请读者批评指正,以便再次修订时补充提高。

编   者

FOREWORD 前言

目前,我国已进入个人理财时代,金融理财热潮日益高涨。我国居民收入的提高为理财业务提供了较为雄厚的物质基础和内在动力。金融改革为理财市场的发展创造了更好的外部环境,增添了新的活力。最近几年,特别是2006年下半年以来,我国掀起了一股前所未有的个人投资理财热。不仅入市十几年的老股民意气风发地在股市淘金,就连不懂股票、基金等为何物的人也挤进炒股、购基金的行列。证券交易所人头攒动,银行柜台前购买基金者排成长龙,其火暴程度让人叹为观止。据有关资料统计,截至2009年7月,我国沪、深股民账户总数达1.33亿户;截至2009年7月24日,基民账户总数超过1.78亿户,基民、股民合计已超过3亿户,约占我国总人口的23%。这股个人投资理财热的产生并非偶然,其形成有深刻的宏观、微观社会经济环境原因。从宏观社会经济环境来看,我国的国民经济仍然保持着多年持续稳定增长的势头;国家一系列经济政策的制定和实施,为百姓的投资市场开辟了更为广阔的空间;在金融市场上已经有较多的投资工具可供使用。从微观社会经济环境来看,货币持有人要求保值增值的意识在增强,加之一些股民、基民一夜暴富的强烈欲望和有关人员口若悬河的说教,激活了理性经济人的投机心理。当然,最根本的是我国从1978年改革开放以来,国民经济持续快速增长了30多年,GDP、人均收入、存款金额大幅增长,人们富裕了、腰包鼓了,有条件思考自己的剩余资金如何去投资。中国的富人阶层已经出现,10%富裕家庭的财产已占城市居民全部财产的45%。例如,北京高收入家庭户资产已达235万元,其中金融资产约占1/3,达80万元左右。如果这种宏观、微观社会经济环境不发生明显变化,预计个人投资热在短时期内也不会降温。在这种几乎近于"狂热"的投资热面前,我们要想在个人投资中立于不败之地,就要善于学习,在投资前有充分的知识储备。对于中职学生来说,学习个人投资理财知识更是大势所趋。

目前,市面上个人投资理财方面的教材十分匮乏,尤其是适合中等职业教育的教材就更少了。针对我国个人投资理财者的现状和中职学生的实际需要,我们编写了本书。本书的特点如下:

第一,本书面向的读者是涉市不深的普通个人投资者和投资理财基础薄弱的中职学生。因此,本书力求语言上通俗易懂、深入浅出。

第二,在内容上着重讲述多种投资理财所必备的基础知识,即投资基本概念、术语和理论,基本投资策略和技巧,基本风险防范措施等,避开深奥的理论、复杂的公式、繁琐的论述,使读者读后能明白某种投资为什么能赚钱,怎样赚更多的钱,又怎样降低风险所招致的损失,从一个投资的糊涂人变成明白人。

第三,突出用案例或事例来说明概念、理论或公式。对于初级投资者来说,深奥的投资理论、充满哲理的投资经验,即使再深刻、再正确也很难被理解。因此,作者在讲述每种投资时都以引言开篇,在讲述较为复杂的理论时,都尽量以案例或事例来说明,让读者在阅读有趣的事例中理解投资的理论和技巧。

本书由经严丽任主编,王清星任副主编,廖玲玲参编。

由于编写时间仓促,加上水平有限,书中难免存在不妥、疏漏以及不完善之处,恳请广大读者批评指正。

编　者

CONTENTS 目 录

第一章　个人投资理财概述 ··· 001
　第一节　个人投资理财的基础知识 ··· 001
　第二节　个人投资理财的风险 ··· 006
　　复习思考题 ··· 007

第二章　银行理财 ··· 009
　第一节　银行理财的基础知识 ··· 009
　第二节　银行理财实务 ··· 015
　第三节　银行代理理财产品 ··· 022
　第四节　银行理财的风险与防范 ··· 025
　　复习思考题 ··· 026

第三章　股票投资理财 ··· 029
　第一节　股票的基础知识 ··· 029
　第二节　股票投资理财实务 ··· 034
　第三节　股票投资的风险与防范 ··· 042
　　复习思考题 ··· 046

第四章　基金投资理财 ··· 049
　第一节　基金的基础知识 ··· 049
　第二节　基金投资理财实务 ··· 053
　第三节　基金投资的风险与防范 ··· 060
　　复习思考题 ··· 063

第五章　债券投资理财 ··· 065
　第一节　债券的基础知识 ··· 065
　第二节　债券投资理财概述 ··· 073
　第三节　债券投资理财的风险与防范 ··· 075
　　复习思考题 ··· 080

第六章　保险投资理财 ··· 081

  第一节 保险的基础知识……………………………………………………………081
  第二节 保险投资理财实务…………………………………………………………083
  第三节 保险投资理财的风险与防范………………………………………………086
    复习思考题……………………………………………………………………096

第七章 外汇投资理财………………………………………………………………098
  第一节 外汇的基础知识……………………………………………………………098
  第二节 外汇投资理财实务…………………………………………………………101
  第三节 外汇投资理财的风险与防范………………………………………………106
    复习思考题……………………………………………………………………113

第八章 房地产投资理财……………………………………………………………115
  第一节 房地产投资的基础知识……………………………………………………115
  第二节 房地产投资理财实务………………………………………………………121
  第三节 房地产投资的风险与防范…………………………………………………126
    复习思考题……………………………………………………………………131

综合测试题……………………………………………………………………………………133

复习思考题答案………………………………………………………………………………136

综合测试题答案………………………………………………………………………………140

主要参考书目…………………………………………………………………………………141

第一章

个人投资理财概述

学习要点

【知识目标】 通过本章学习,掌握个人理财业务的含义、分类;理解个人投资理财的意义;了解个人投资理财的原理和原则;通过一些成功人士的投资理财经历,使学生树立正确的投资理财理念;掌握个人投资理财风险的含义及种类。

【技能目标】 能够在个人投资理财实际中运用所学知识向客户解释投资理财的误区;能够引导客户树立正确的个人投资理财理念。

人生的财富不在于每次投资所赚的钱,而在于是否掌握开启生财、聚财和用财之门的钥匙。这把钥匙就是理财。什么是理财?如何正确理解理财?理财的原理是什么?这些正是本章的主要内容。

第一节 个人投资理财的基础知识

一、个人理财的含义

个人理财又称个人理财规划、个人理财策划、个人财务规划、个人财务策划。根据国际个人理财权威机构——美国理财师资格鉴定委员会的定义:个人理财是指制定合理利用财务资源、实现顾客个人人生目标的程序。其核心是根据客户的资产状况与风险偏好来实现客户的需求与目标,尤其是实现人生目标中的经济目标,同时降低人们对于未来财务状况的焦虑。

个人理财是针对客户一生而不是某个阶段的规划,它包括个人生命周期每个阶段的资产和负债分析、现金流量预算和管理、个人风险管理与保险规划、投资目标确立与实现、职业生涯规划、子女养育及教育规划、居住规划、退休规划、个人税务筹划及遗产规划等各个方面,是一个评估客户各方面财务需求的综合过程。它是由专业理财人员通过明确个人客户的理财目标,熟悉客户的生活及财务现状,为客户量身定做可行的理财方案的一种综合性金融服务。因此,它不局限于提供单一的金融产品,而是针对客户的综合需求进行有针对性的金融服务组合创新,是一种全方位、分层次和个性化的服务。

 知识窗 1-1　理财师

　　国际上金融服务领域最权威的理财职业资格是注册理财规划师。理财师能为客户提供全方位的专业理财建议,客户只需提供自己的资产规模、生活质量要求、预期收益目标和风险承受能力等有关信息,理财师就能有针对性地制定出一套符合客户个人特征和需要的理财方案,并通过不断调整客户存款、股票、债券、保险、动产和不动产等方面的各种投资组合,为其设计合理的税务规划,最终实现资产增值的目的。

二、个人理财的分类

个人理财可以分为个人生活理财和个人投资理财两个部分。

（一）个人生活理财

　　个人生活理财主要是通过帮助客户设计一个将其整个生命周期考虑在内的财务规划,将客户未来的职业选择、子女及自身的教育、购房、保险、医疗、企业年金和养老、遗产和事业继承,以及生活中个人所需面对的各种税收等诸方面的事宜进行妥善安排,使客户不断提高生活品质,即使到了年老体弱以及收入锐减的时候,也能保持自己所设定的生活水平,最终达到终身的财务安全、自主和自在。

（二）个人投资理财

　　个人投资理财是在客户以上生活目标得到满足以后,追求投资于股票、债券、金融衍生工具、黄金、外汇、不动产以及艺术品等各种投资领域的最优回报,加速个人或家庭资产的增长,从而提高生活水平和质量。

　　本书着重介绍个人投资理财。

 **案例材料 1-1　致富的关键**

　　中国台湾有句俗话叫:"人两脚,钱四脚。"这句话的意思是钱追钱比人追钱快多了。和信企业集团是中国台湾排名前五位的大集团,由和信企业集团会长辜振甫与台湾信托董事长辜濂松掌管。外界总想知道这叔侄俩究竟谁比较有钱。有钱与否其实与个性有很大关系。辜振甫属于慢郎中型,而辜濂松属于急惊风型。辜振甫的长子——台湾人寿总经理辜启允非常了解他们,他说:"钱放进辜振甫的口袋里就出不来了,但是放进辜濂松的口袋就会不见了"。因为辜振甫赚的钱都存入银行,而辜濂松赚到的钱都拿出来投资。而结果是,虽然两个人年龄相差 17 岁,但是侄子辜濂松的资产却遥遥领先于其叔辜振甫。因此,一生能积累多少钱,不是取决于你赚了多少钱,而是你如何理财。现代社会人们总是在为财富的积累而呕心沥血,却忽视了近在眼前的积累财富的机会。个人投资理财就是一种创造财富的行为,通过个人投资理财,每省下一分钱或每增值一分钱,都与投资者在外面奔波辛苦赚到的一分钱等值。

三、个人投资理财的意义

（一）理财能促进经济目标的实现

理财是创造财富。当你拿起这本书时，你就已经付出了时间与金钱，这是建立在理性基础上的经济成分行为，也可以说是理财。理财无所不在，是每个人的本能。理财不需要很高深的知识，它只是做常人都会的加减法，但是必须有恒心和毅力。个人理财是一种长期的积极行为，只要认真思考、积极行动，把握时机去创造财富，就能实现自己的理财目标。理财的诀窍是开源、节流，争取资金收入。所谓节流，便是计划消费、预算开支。理财不只是为了发财，而是为了丰富生活内涵。成功的理财之道，可以增加收入，减少不必要的支出；可以改善个人或家庭的生活水平，具有宽裕的经济实力；可以储备未来的养老所需。所以，从今天开始认识理财，理财将伴随您的一生。

目前，我国城乡居民的银行储蓄存款余额已高达 24 万多亿元。在银行存款利率相对较低的情况下，部分居民储蓄存款将转向别的投资领域，如股票、债券、基金、外汇、期货和收藏等，但就个人投资理财的理念和投资技能来看，还很不成熟和完善，这就需要尽快建立符合我国实际情况的个人理财服务体系。毫无疑问，个人投资理财是座耀眼的"金矿"。但是面对国家政策、市场机制、大众趋向、行业竞争等诸多复杂环境，如何更加合理、有效地开发这座"金矿"，这个问题已经摆在了银行业面前。发展个人理财业务，将对发挥银行整体优势、培养和巩固重点优质客户群体、优化客户整体结构，起到积极而深远的作用；将使银行在以市场为导向、以发展为主题、大力拓展存款总量、努力提高市场份额方面迈向一个更高的层次。而个人可以借助银行的专家体系来帮助自己理财，以实现理财目标。

（二）理财是意志力和行动的结合

理财是要使财富最大化，因此必须积极思考、积极行动。个人投资理财是一个长期积累的过程，财是理出来的。尤其是金融业日趋市场化的今天，人们的金融意识开始发生转变。其中，最为突出的是人们对资金增值的要求从无意识变为有意识，投资理念逐步走向家庭。在经济脉搏快速跳动的今天，股票、债券、期货、储蓄、外汇、保险……这些投资工具所涵盖的生活范围日益扩大。因此，个人财务的管理将成为一种时尚。从某种意义上讲，越善于理财的人，生活越富裕和轻松。理财并非是一件很玄妙的事。

首先，必须有足够的耐心。成为富豪并不是一件不可思议的事情。当年，巴菲特也是从 100 美元起家的。他靠的就是一股坚忍不拔的毅力。巴菲特拥有 300 亿美元的财富不是一夜之间的事，他整整用了 40 年的时间。巴菲特成功的秘密很简单，他把"复利"的技巧运用得出神入化，而让"复利"发挥威力的正是漫长的岁月。

其次，必须具备相当的专业素质。掌握国家宏观政策，了解银行业务发展战略；掌握中央银行对银行业务管理方面的制度、办法和发展战略；了解市场，掌握经济的发展，特别是消费经济和金融市场动态，能够对市场业务变化情况作出前瞻性的判断，并根据市场动态，及时制定策略、调整理财目标。

最后，要具有较宽的知识面。精通个人银行业务，熟知银行的各项业务知识；掌握一定的市场营销知识，对社会其他行业知识有一定的了解，才能在理财时作出准确的判断，使自己立于不败之地。

（三）理财创造财富，最终导致成功

个人投资理财包括个人生活的各个重要方面，如购买住房、汽车、保险等，以及教育支出、资产分配、退休保障、遗产继承与分配、合理避税、债务管理等。成功的个人投资理财可以增加收入,可以减少不必要的支出,可以改善个人或家庭的生活水平,可以储备未来的养老所需。因此个人投资理财不只是为了发财,而是为了丰富生活内涵,在个人投资理财过程中需持平常心,这是个人投资理财应有的正确心态。钱如果来得太容易就不会珍惜,在理财中,"辛苦钱"才更显得珍贵。

理财必须要有成熟的心理。那些想在一夜之间成为百万、千万甚至亿万富翁的人,不适宜理财。因为理财是件"慢工出细活,欲速则不达"的事。财富的增长是在复利的作用下日积月累形成的,不可能一步登天而快速成长。有些投资人在一夜之间赚大钱,但也有些投资人在一夜之间破产,其失败的原因有很多,主要在于心存侥幸,存在这种心理的人不适宜理财。

理财致富只需具备三个基本条件:固定的储蓄、追求高报酬以及长期等待。例如,现在开始每年能够定期存下 1.4 万元,将存下的钱投资于股票或房地产,若每年获得平均 20% 的投资报酬率,如此持续 40 年后,则能积累 1.0281 亿财富。这个数据是依照财务学计算年金的公式得出的,而按同样的程序把钱存进银行,按享受平均 5% 的利率,40 年后仅可以积累 169 万元。与投资报酬率为 20% 的项目相比,两者收益竟相差 70 多倍。更何况,货币价值还有一个隐形杀手——通货膨胀。这个神奇的公式说明,一个 25 岁的上班族,如果依照这种方式投资,到 65 岁退休时就能成为富翁了。投资理财没有什么复杂的技巧,最重要的是观念。观念正确就会赢。每个理财致富的人,只不过养成了一般人不喜欢且无法做到的习惯而已。

四、个人投资理财的原理

（一）财务独立

财务独立是指用于投资理财的资金是自有资本金,它不受任何个人、社会的经济影响,能够完全投入投资理财领域,长期运行。个人投资资金一般比较少,很少有人能够继承大笔遗产或获大奖;但是如果会规划,个人财务能够完全独立。按照年金计算公式,只要是缓慢而稳定的储蓄和投资,不管选择哪一种方法,都可以达到投资聚财的目的。但是如果没有一个特定的理财目标和计划,长期下来,理财致富只会是梦想。

（二）控制理财的时间步骤

理财应建立一个长期的目标,任何目标都需要一定的时间去完成,因此必须按照时间和步骤加以控制。从货币的时间价值来看,越早存钱越好。假如两个同龄孩子的父母为了给孩子存一笔上大学的资金,一个在孩子出生时每年存 1 000 元,另一个在孩子 8 岁时每年存 3 000 元,如果年利率 8%,在孩子 18 岁时,前者存了 37 450 元,后者存了 31 910 元。由此可见,时间和金钱是一对奇妙的组合。

知识窗 1-2　私人理财业务

在我国,最早进行私人理财业务的是中国银行深圳分行。之后,中信银行、招商银行、华夏银行等也迅速跟进。

五、个人投资理财的原则

（一）投资总额量入为出

人们在社会上生存和发展，必须坚持可持续发展的基本原则。在投资方面，投资的资金数目应在经济承受能力的范围内，在保证生活不受任何影响的前提下，将剩余的资金量入为出进行投资。在进行投资时，投入自己的资本金，并且深知这些钱来之不易，就会仔细地分析投资机会，而不受任何投资环境风险的影响。因为投资是在满足了自己生活的前提下进行的，投资的项目即使出现差错，也不至于惊慌失措。同时，风险越高的投资，收益可能会越大。以最少的代价，获取最大的收益，是经济学的基本精神。但资源是有限的，稀少的资源迫使投资者必须作出选择，而理财行为就是聪明的选择，找出代价最少、收益最大的一条路，让有限的资金得以发挥最大的功能。

（二）投资品种多样化

在投资理财中，理智的做法是投资组合多样化。进行多样化的投资组合就是为了分散投资风险，防止孤注一掷。一个慎重的、善于理财的投资家，会把全部财力分散于储蓄存款、信用可靠的债券、股票及其他投资工具之间。"不要把所有的鸡蛋放在一个篮子里"，这句话是对投资组合多样化最浅显的描述。这样，即使一些投资受了损失，也不至于满盘皆输。投资理财是一项复杂的系统工程，在选择投资品种时，需要先掌握投资组合的方法与技巧，合理地利用资金，提高资金的使用效率。

（三）投资预期注意整体绩效

理财的关键是取得投资组合的税后整体收益，也就是说，投资绩效关键要看拿到手的股息、利息和价格增值之和（即扣除税收和投资成本后的收益）。投资理财看重的是收益率，但如果单一的收益率增长是以投资组合总体价值的缩水为代价，那么就可能引起危险的后果。资金管理既要算大账，又要算细账。加强资金的动态管理，既要保证全盘的整体收益，又要从细微处着手。同时，在评价整体收益的时候，应充分重视货币的时间价值，因为1年后得到的1元钱与今天的1元钱是不一样的，这种不一样表现在购买力、机会成本等多方面。

（四）避免成本过高

理财之初，应该为理财行为营造一个比较稳妥的"保护地带"，找出代价最少、收益最大的一条路，让有限的资源得以发挥最大的功能。每个人进行投资时，都不敢保证自己是赢家。因此，必须思考每笔投资的利益得失，但是如果承担较大的投资成本，那肯定会降低投资收益。

（五）保持一定的易变现资产

投资理财的一个重要因素是有随时可以变现的资产。一个家庭或个人在银行里存一笔钱，不但可以用来支付家庭所需的小额预算外开支，还可以用来应付突如其来的大笔费用需要。应该注意的是，最重要的不是现金本身，而是该资产要有能及时变现的途径，包括股票等有价证券，建立保证金账户等。只有持有较佳的易变现的资产组合，才能应付各种意外风险和取得较好的投资机会。

（六）做好财产组织计划

个人投资理财的关键是做好财产组织计划，这在理财之初就应有长远的打算，它是个人投资理财的灵魂。21世纪的市场经济，每个人都可以依据自己的兴趣和能力做好规划，有效地突破个人内在和外在的障碍，去争取时间，创立事业。一个没有做好理财计划的家庭和个人，其发展必然受到阻碍。

六、个人投资理财的基本理念

投资是指投资者运用自己持有的资本,购买实际资产或金融资产,或取得这些资产的权利,期望在一定时期内获得资产增值和一定收入。下面先来了解几个个人投资理财的基本理念。

(一)投资收益、价值发现、积极投资与有效市场

对投资者来说,投资收益是至关重要的目标。只有熟悉各种投资方法,运用投资工具的价值波动规律,发现较低价值的投资对象,或预先判断市场趋势,发现价值的存在,进行积极的投资操作,即在把握稍纵即逝的利差的情况下,相信市场是有效的,才能赚取价差并盈利。

(二)分散风险与集中投资

"不要把所有的鸡蛋放在一个篮子里",体现的就是一个分散投资、降低风险的思想。特别对厌恶风险的投资者来说,分散投资优于集中投资。这也是现代投资组合理论的基本思想。

但集中投资不能一概而论。如果把所有的鸡蛋放在一个篮子里,当这个篮子掉在了地上,结果当然损失很大;但如果能准确掌握哪些篮子不会掉在地上,将鸡蛋集中放在一起不但可以取得高收益,而且还没有风险,效率高,那又何乐而不为呢?所以,前提条件是对金融市场有准确判断,这样集中投资才不失为良策。

第二节 个人投资理财的风险

一、投资风险的含义

投资收益率的不确定性造成的风险称为投资风险,简言之,就是一切资产未来收益的不确定性。在金融市场上,投资风险又细化为股市风险、债市风险、信用风险、流动性风险和运营风险等。

二、投资者的风险态度

不同的投资者对风险的反应大相径庭。如果将人们对风险的反应视为一个连续系统,处于系统一端的投资者称为风险厌恶者或风险拒绝者,处于另一端的投资者称为风险喜好者或风险寻求者,处于他们之间的投资者就被称为风险中性者。理解对待风险的态度,对于理解风险本身至关重要。大多数人倾向于回避风险,尽管风险在某种程度上是可以测量的,但不同的人对待风险的态度会影响他们对风险的理解及其所采取的行动。

三、投资风险的分类

(一)纯粹风险与投机风险

根据风险导致的结果,投资风险可分为纯粹风险与投机风险。

纯粹风险存在于只有损失而无收入的情况下。例如,一辆汽车有撞车的风险,一旦风险发生,车主会遭受一定的经济损失。如果没有发生撞车,车主也不会有经济收入。

投机风险存在于可能既有收入也有损失的情况下。例如,一个资产投资计划可能是盈利的,也可能是亏本的,这就存在投机风险。

存在纯粹风险的投资,人们总是尽量去避免;而投资活动尽管存在投机风险,人们在投资收益的驱动下,也仍然会去尝试,不会因为风险的存在而一味放弃。

（二）可分散风险与不可分散风险

根据可否通过一定手段降低风险,投资风险可分为可分散风险与不可分散风险。

可分散风险是指可以通过签订联合协议或风险分担协议而减小的风险。

不可分散风险是指通过签订联合协议或风险分担协议但并未减小的风险。

（三）系统性风险与非系统性风险

根据风险的性质,投资风险可分为系统性风险与非系统性风险。

系统性风险又称宏观风险,是指由于某种全局性的因素变化对所有收益都产生作用的风险。这种风险来源于宏观方面的变化,并对金融市场总体发生影响。系统性风险不可能靠提高投资组合来加以分散,是不可分散风险。投资者承受较高的系统性风险,相应地可以得到与之适应的较高投资收益。系统性风险主要有市场风险、利率风险、购买力风险、通货膨胀风险和政策风险等。

非系统性风险又称微观风险,是指由于某种因素对个别投资项目造成损失的可能性的风险。非系统性风险与市场整体没有关系,只影响某些项目的价值,可通过投资分散化加以消除。非系统性风险主要有经营风险、财务风险、流动性风险、违约风险和信用风险等。

> **? 思考**
>
> 1. 房屋拥有者在1年内可能会面临房屋价值高于或低于当前价值,这属于哪种风险？房屋如果遭受火灾又属于哪种风险？
> 2. 在全球范围经济萧条时,企业采取联合方式能否减少风险损失？

复习思考题

一、填空题

1. 理财致富需具备的三个基本条件是（   ）、（   ）和（   ）。
2. （   ）是指用于投资理财的资金是自有资本金,它不受任何个人和社会的经济影响,能够完全投入投资理财领域,作为长期投资运行使其能获得的结果。
3. 理财投资的关键是取得投资组合的税后（   ）。
4. 个人投资理财的关键是做好（   ）。
5. 根据风险的性质不同来划分,投资风险可分为（   ）和（   ）。

二、判断题

1. 理财是为了发财。　　　　　　　　　　　　　　　　　　　　　　　　　（   ）

2. 个人投资理念的经验公式为"成功＝经验＋智慧＋苦功＋灵感＋运气"。（　）
3. 理财可以使人在短时间成为亿万富翁。（　）
4. 理财致富是"马拉松竞赛"而非"百米冲刺"，比的是耐力而不是爆发力。（　）
5. 系统风险是可分散的风险。（　）

三、简答题

1. 投资理财的意义是什么？
2. 投资理财的基本原理是什么？
3. 如何树立正确的理财观？
4. 如何应对理财业务的挑战？

四、业务题

你自己1个月花多少钱？没学习本章之前你不清楚，现在是否应该清楚，为什么？

第二章

银 行 理 财

学习要点

【知识目标】 通过本章学习,了解银行理财产品的定义、构成要素及分类;熟悉存款和贷款理财产品的技巧;了解银行代理理财产品的种类。

【技能目标】 根据投资者风险偏好,选择银行理财产品;巧用存款理财,为自己选择适合的存款方式;熟悉贷款还款方法,能根据不同人群需求给出还款建议。

近年来,国内居民收入不断提高,我国境内商业银行个人理财业务市场规模不断扩大,理财产品品种日益丰富,理财市场规模和理财客户数量快速增长。国内各商业银行纷纷推出了形式多样的个人理财服务和专有品牌,如光大银行的"阳光理财"、农业银行的"金钥匙理财"等。截至 2009 年 5 月末,各中资、外资商业银行存续的理财产品超过 4 100 支,理财业务市场规模达到 7 000 230 人。

第一节 银行理财的基础知识

一、银行理财产品的定义及构成要素

银行理财产品是商业银行在对潜在目标客户群分析研究的基础上,针对特定目标客户群开发设计并销售的资金投资和管理计划。在理财产品这种投资方式中,银行只是接受客户的授权管理资金,投资收益与风险由客户或客户与银行按照约定方式承担。银行理财产品由以下要素构成。

(一) 发行人

目前,开发理财产品的一般为金融机构,而银行成为理财产品的最大发行人和卖家,信用程度高、实力雄厚的商业银行发行理财产品更容易受到投资者的青睐。

(二) 投资者

投资者即认购理财产品的买者。各家银行根据理财产品认购起点的不同,对投资者资金要求是不同的。

(三)收益

理财产品投资过程中,收益的多少是投资者最关心的问题。在银行理财产品说明中所提到的预期收益率不是实际收益率,在实际操作过程中有可能高于或低于这个数字。

(四)风险

有收益就会有风险,两者成正比关系。银行理财产品的风险来自于产品结构的设计,有可能来自于国内金融市场,也可能是国外金融市场。不同投资人对理财产品的风险承受能力存在着较大差异。所以投资者在购买银行理财产品时,应详细了解理财产品的风险状况,选择适合自己的产品。

(五)期限

任何一款理财产品都是有期限的,只是时间长短不同。目前市场上大多数理财产品投资期限在1~2年左右,有些短期理财产品为3~6个月。中国工商银行不定期打新股产品"灵通快线"一般5天为一个周期。短期限产品的资金灵活性较好,投资者可通过连续买卖的方式获得收益;而对于暂时闲置的资金,则可适当选择期限较长的产品。

(六)相关费率

投资银行理财产品时,一般投资者需要支付的费用包括认购费、申购费、管理费、赎回费、销售手续费和托管费等。对于不同的理财产品,银行收取的费用项目和比例并不相同。

(七)相关权利

银行理财产品可以提前赎回、提前终止。目前银行对提前终止投资的行为收取一定的费用。"提前终止权"则不一定单指客户所拥有的权利。理财产品说明书上提到的"提前终止权",可以是银行也可以是个人投资者拥有,或者双方都有。如果只是银行有这个权利的话,那么投资者就不能行使,而银行单方行使时,投资者也无法拒绝。

二、银行理财产品的分类

案例材料2-1 老张的烦恼

老张是某公司的职员,过年前拿到了5万元奖金,想着这钱是存银行还是用来投资?看着股票市场波动很大,大盘股指像玩过山车,基金净值往下跌。把钱投到里面不放心呀!到银行咨询,听说某些理财产品收益不错,便满心欢喜地打算挑个放心合适的理财产品。可一拿到宣传单,看不明白了。结构的、打新股的、QDII的、保本的、不保本的……种种叫法让老张傻眼了,产品说明书中的数字、计算公式一大串。到底理财产品该怎么分类,如何选择适合自己的理财产品呢?

理财产品分类方法有多种,下面介绍其中三种主要分类。

(一)外币理财产品和人民币理财产品

根据币种不同,理财产品一般分为外币理财产品和人民币理财产品。

1. 外币理财产品

外币理财产品主要针对手中持有一定外币,既想获得比银行存款更高的收益,又不愿承担过高风险的储蓄客户。外币理财产品的投资领域主要是国际外汇买卖及衍生品市场,常用的外币是美元和港币。

2. 人民币理财产品

人民币理财产品只能用人民币购买。凡持有本人有效身份证件的境内外个人，均可申请办理人民币个人理财业务。人民币理财产品收益率相对固定，但流动性较差，相当于定期储蓄，多为低风险偏好投资人的首选。

（二）债券型、信托型、结构型、QDII型及新股申购型

根据投资方向不同，理财产品分为债券型、信托型、结构型、QDII型及新股申购型。

1. 债券型理财产品

债券型理财产品，既投资于货币市场国债、央行票据、政策性金融债券，也投资于企业债券等信用类工具。因为央行票据与企业短期融资债券个人无法直接投资，这类人民币理财产品实际上为客户提供了分享货币市场投资收益的机会。

2. 信托型理财产品

信托型理财产品，既投资于由国有商业银行或其他信用等级较高的金融机构担保或回购的信托产品，也投资于商业银行优良信贷资产受益权信托的产品。目前，各家银行推出的信托类理财产品主要是银行与信托公司合作，将募集资金投资于信托公司推出的信托理财计划。

3. 结构型理财产品

结构型理财产品是以拆解或组合衍生性金融商品如股票、利率、指数等，或搭配零息债券的方式组合而成的各种不同回报形态的金融商品。一般不以理财本金作投资，仅用利息部分，大多为100%保本，产品收益与挂钩标的有某种关系，通过公式等反映在合同上。

4. QDII型理财产品

QDII型理财产品，简单来讲，即是客户将手中的人民币资金委托给合格商业银行，由合格商业银行将人民币资金兑换成美元，直接在境外投资，到期后将美元收益及本金结汇成人民币，然后分配给客户的理财产品。

 知识窗 2-1　何为 QDII？何为 QFII？

QDII，即合格境内机构投资者（qualified domestic institutional investors），是与合格境外机构投资者相对应的一种投资制度，是指在资本项目未完全开放的情况下，允许政府所认可的境内金融投资机构到境外资本市场投资的机制。

QFII，即合格境外机构投资者（qualified foreign institutional investors）。QFII制度是指允许经核准的合格境外机构投资者，在一定规定和限制下汇入一定额度的外汇资金，并转换为当地货币，通过严格监管的专门账户投资当地证券市场，其资本利得、股息等经审核后可转为外汇汇出的一种市场开放模式。

QDII是国内投资者向境外资本市场投资，而QFII是合格境外投资者来我国境内资本市场投资。

5. 新股申购型理财产品

新股申购型理财产品所募集的资金主要申购即将发行上市即IPO的新股（俗称打新股），将中签的新股在该股票上市首日或持有一段时间后卖出，由于新股在上市后几乎都会出现较

大幅度的溢价,因此"打新"风险较低,收益稳定,一般预期年收益率在5%～10%左右。新股申购型理财产品集合投资者资金,通过机构投资者参与网下申购提高中签率。

(三)保证收益理财产品和非保证收益理财产品

按照客户获取收益方式的不同,可以分为保证收益理财产品和非保证收益理财产品。

1. 保证收益理财产品

保证收益理财产品是指商业银行按照约定条件向客户承诺支付固定收益,银行承担由此产生的投资风险,或银行按照约定条件向客户承诺支付最低收益并承担相关风险,其他投资收益由银行和客户按照合同约定分配,并共同承担相关投资风险的理财产品。保证收益理财产品是比较传统的产品类型,可细分为以下两类:

(1)收益率固定型。此种类型理财产品是指银行按照约定条件,承诺支付固定收益,银行承担由此产生的投资风险的理财产品。若客户提前终止合约,则无投资收益;若银行提前终止合约,收益率按照约定的固定收益计算,但投资者将面临一定的再投资风险。

(2)收益率递增型。此种类型理财产品是指银行按照约定条件,承诺支付最低收益并承担相关风险,其他投资收益由银行和客户共同承担的理财产品。若银行提前终止合约,客户只能获得较低收益,且面临高于固定收益类产品的再投资风险。

2. 非保证收益理财产品

非保证收益理财产品可以分为保本浮动收益理财产品和非保本浮动收益理财产品。

保本浮动收益理财产品是指商业银行按照约定条件向客户保证本金支付,本金以外的投资风险由客户承担,并依据实际投资收益情况确定客户实际收益的理财产品。

非保本浮动收益理财产品是指商业银行根据约定条件和实际投资收益情况向客户支付收益,并不保证客户本金安全的理财产品。

 知识窗2-2 中国建设银行"宝B计划"理财产品说明书

产品名称	"宝B计划" 人民币结构性理财产品	"宝B计划" 美元结构性理财产品
产品类别	保本浮动收益型	保本浮动收益型
本金及收益币种	投资本金币种:人民币 兑付本金币种:人民币 兑付收益币种:人民币	投资本金币种:美元 兑付本金币种:美元 兑付收益币种:美元
投资期限	1年	1年
投资起始日	2007年11月28日	2007年11月28日
投资到期日	2008年11月28日	2008年11月28日
产品募集期	2007年11月16日至2007年11月27日	2007年11月16日至2007年11月27日
募集期是否计算存款利息	计活期利息	计活期利息
产品预期年化收益率	预期最高年化收益率15%	预期最高年化收益率18.5%
投资起始金额	50 000元人民币	5 000美元
投资金额递增单位	1 000元人民币	100美元
提前终止权	投资者与中国建设银行均没有提前终止权	
附属条款	可根据中国建设银行相关规定开具存款证明	

三、购买银行理财产品

（一）购买渠道

1. 银行网点

近年来，随着股市的不断火热，人们对投资理财有了较广泛的认识，从而也拉动了银行对理财产品的销售。人们到银行购买理财产品，可以咨询相关的理财知识，对一些不清楚的问题能及时得到解答。所以投资人持有效证件可以直接从银行网点购买，但如果碰到人多时，就不可避免要排队，可利用等待时间填写相关资料。

2. 网上银行

随科技的发展，互联网不断普及，很多银行为方便客户，开通了网上银行理财服务。客户需到银行柜台办理手续开通网上银行业务，有的则可以直接从该银行网站上注册开通网上银行。为提高风险控制能力，可以选择购买该银行的 USBKEY（有的银行称为 U 盾）。通过登录网上银行，购买基金、债券和保险等，甚至还可以享受费率的优惠。

3. 手机银行

近年来，手机银行兴起，通过与通讯公司的合作，银行搭建了手机银行平台，为客户随时随地关注自己的账户情况提供了快捷和便利。虽然银行对享受手机银行服务的客户收取一定的费用，但潜在需求客户市场很大。利用手机银行可以进行股票、基金买卖等业务的操作。

（二）购买时注意事项

1. 细读产品说明书

任何一款银行理财产品都有产品说明书，在购买产品时，首先要读懂产品说明书，特别是对产品的描述，而不能只听银行人员推荐介绍。说明书中的内容需要购买者细心阅读，才不至于误买、乱买。

2. 不要盲目相信预期收益率

预期收益率常常出现在理财产品的说明书中，而除了固定收益类品种的预期收益率等同于到期收益率外，其他理财产品说明书上的预期收益通常是在以往经验数据的基础上预测得出。预期收益率不代表实际收益率，多数投资者将过多的注意力放在预期收益上。有的银行甚至在理财产品宣传册里，将收益率用特别的字体或颜色标注，从而误导购买者。银行销售人员口中的"最高收益"并非没有依据，但再高的预期收益率也不过是纸上的数字，购买者应该理性对待。

例如，中国工商银行"稳得利"信托投资型人民币理财产品(183 天)，5 万元起购，以 1 000 元的整数倍递增，各档次分段预期收益如下：

5 万～20 万元(不含 20 万元)，预期收益率为 3.0%；

20 万～100 万元(不含 100 万元)，预期收益率为 3.2%；

100 万元以上，预期收益率为 3.5%。

3. 投资方向与风险

银监会要求，理财产品的宣传和介绍材料中，在首页最醒目位置应揭示产品风险，说明最不利的投资情形和投资结果；对于无法提供准确测算依据和测算方式的理财产品，不得在宣传和介绍材料中出现"预期收益率"或"最高收益率"字样。同时，不得将以往业绩和未来业绩预测作为业务宣传的最重要内容。

风险对于购买者来说十分关键。销售人员在推销理财产品时往往忽视风险提示,甚至隐瞒风险,片面强调产品"保本"。保本产品虽然具有低风险、低收益的特点,值得注意的是许多号称"保本"的理财产品不光收益率没有保证,甚至有可能出现亏损。

理财产品投资于什么方向,一定程度决定了风险程度。投资于货币市场和资本市场、投资境内和境外的理财产品风险程度各不相同。可能存在市场风险、信用风险、流动性风险、提前终止风险等。购买者应该根据自己的风险承受能力选择产品。

4. 产品流动性

银行理财产品期限较为灵活,有长期的也有短期的。在众多短期理财产品中,时间最短的只有1周,另外还有16天、19天的超短期理财产品。银行理财产品短期化设计的主要原因是为了满足投资者对现金的需求,提高产品的流动性。在理财计划存续期内,投资者可根据资金状况,在产品存续期内每个工作日的交易时间内随时申购或赎回。

理财产品大多无法提前支取。如提前赎回,不仅收益、本金没有保证,甚至还会被扣违约金。但是部分银行却在某些产品上有提前终止权。一旦银行行使这一权利,可能意味着投资者面临亏损。虽然本金不会损失,但可能因此面临零收益。

四、银行理财产品市场发展状况

20世纪90年代末期,我国一些商业银行开始尝试向客户提供专业化的投资咨询和个人外汇理财服务。2000年9月,中国人民银行改革外币利率管理体制,为外币理财业务创造了政策通道。其后几年,外汇理财产品一直处于主导地位,但是总体规模不大,没有形成竞争市场。2004年11月,光大银行推出了投资于银行间债券市场的"阳光理财B计划",开创了国内人民币理财产品的先河。近年来,国内银行理财业务发展速度很快,成为各商业银行抢占中间业务利润的主要领域。

2006年以来,随着客户理财服务需求的日益旺盛和市场竞争主体的多元化发展,银行理财产品市场规模呈现爆发式增长的态势。面对转变经营模式、拓展收益渠道的压力,以及激烈的市场竞争环境,商业银行唯有加快理财业务发展的创新步伐,通过负债结构与收益结构的转变,形成理财产品与储蓄存款的联动效应,才能在同业竞争中立于不败之地。

据普益财富发布的《6月商业银行理财市场报告》显示,2009年上半年全国70家银行共发行2 431款个人理财产品。

同时,我们也应该看到,国内银行的理财业务也需要不断完善。从现在理财产品的设计和开发来看,我们要像国际大银行一样,要形成自己专业性很强的开发团队。随着现在各大银行也纷纷进军海外,国际化程度越来越高,海外市场产品的开发将越来越受到重视,如国内现有的结构性理财产品和QDII产品。从投资的客户群体来看,目前国内理财业务市场还不够成熟,购买理财产品的客户往往看中的是理财产品的收益率,而较少关注理财产品的风险程度,甚至有少部分客户认为银行理财产品是无风险的。我们应该加强投资者教育,提高他们对理财产品的认识。从银行销售理财产品来看,由于不能有效地区分和掌握不同理财业务品种的风险,目前许多商业银行的理财业务仍借鉴存款业务的经营模式,按照标准化、规模化的营销方式,对市场细分和"一对一"风险评估不够,从而导致客户与产品的风险错配,加大了理财业务风险。从监管方面来看,个人理财业务的顺利开展必须依赖于前、中、后台业务的整合,目前,多数商业银行个人理财业务归口个人银行业务部管理。由于个人理财业务涉及的内容非常广泛,几乎涵盖了银行资产、负债业务和中间业务,而上述业务当前又分别由个人银行部、中间业务部、房贷部等多个部门管理,造成前台业务条块分割,难以为客户提供"一站式"服务,从而为监管增加了难度。

第二节　银行理财实务

小时候父母给我们买存钱罐,从那时开始,储蓄就已经进入了我们的生活。我们长大后,开始了解股票、基金等理财工具时,可能又忽视了储蓄的存在。其实我们应该清楚地认识到,储蓄应该是所有投资理财的基础,建立一个良好的储蓄习惯,选择适合的储蓄方式,能帮助我们更好地进行理财。你会"存钱"吗?你可别小看它哦,存钱也有小窍门!

一、存款理财

(一) 活期存款转为定期存款

在银行储蓄存款时,不同的储种有不同的特点,不同的存期会获得不同的利息。活期储蓄存款适用于生活待用款项,灵活方便,适应性强;定期储蓄存款适用于生活节余,存款时间越长,利率越高,计划性较强;零存整取储蓄存款适用于余款存储,积累性较强。如果在选择储蓄理财时不注意合理选择储种,就会使利息受损。很多人认为,现在储蓄存款利率很低,在存款时存定期储蓄存款和存活期储蓄存款一样,都得不到几个利息,其实这种认识是很片面的。

如果有 10 000 元,在半年以后才会使用,很明显,定期储蓄存款半年的到期息要高于活期储蓄存款半年的利息。因此,在选择存款种类、期限时不能根据自己的意志确定,而应根据自己的消费水平及用款情况确定,能够存定期储蓄存款3个月的绝不存活期储蓄存款,能够存定期储蓄存款半年的绝不存定期储蓄存款3个月。还值得提醒的是,现在银行储蓄存款利率变动比较频繁,在选择定期储蓄存款时应尽量选择短期的。短期存款流动性强,到期后马上可以重新存入,当遇到利率调整时,可以随时根据情况进行转存。

(二) 活期存款转通知存款

个人通知存款是存入款项时不约定存期,但约定支取存款的通知期限,支取时按约定期限提前通知银行,约定支取存款的日期和金额,凭存款凭证支取本金和利息。按提前通知的期限,分为1天通知和7天通知两个品种。由于通知存款的期限较短,用它来管理短期大额现金,可获得更高的利息收益。

中国农业银行"双利丰"通知存款,就是一款将银行卡与个人通知存款进行自动转存,复利计息的新型个人通知存款业务。起存金额为人民币5万元或等值人民币5万元(含5万元)的外币。首先客户到中国农业银行办理银行账户,然后将该银行账户与通知存款账户捆绑。在开立账户时在存款凭条中约定"7天通知"和"自动转存"。也就是说,当客户办理了"双利丰"个人通知存款业务后,银行默认自开户日起7天为一个周期自动转存一次,并将扣除利息税后的利息计入本金,享受复利,实际存期不足7天的按活期存款利率计息。若该笔个人通知存款账户余额低于最低起存金额时,该笔个人通知存款将作销户,不再进行自动转存。

"双利理财账户"是交通银行推出的智能理财账户,一个账户(太平洋借记卡)两种计息方式,活期存款便利与通知存款收益两者兼得。在预设活期账户留存金额(最低5 000元)的前提下，将多余资金(最低 5 万元)自动转入通知存款账户。这种理财账户使客户彻底免去通知存款与活期存款之间反复转入、转出的烦恼，在保持资金流动性的同时，有机会获得同期相应通知存款收益，轻松实现个人资产较快增值。

(三) 零存整取——不再是"月光族"

现在年轻人中"月光族"占了 70%～80%之多，有的甚至被称为"啃老族"。工作 2 年存折空空，当别的朋友都逐渐买车买房准备成家的时候，才后悔自己应该存点钱。那么对于"月光族"来说，最好的办法是零存整取。

零存整取是指按月定额存入，到期一次支取本息。人民币 5 元起存，多存不限，存期分为 1 年、3 年和 5 年。存款金额由客户自定，每月存入一次，按存入日挂牌公告的相应期限档次零存整取定期储蓄存款利率计息。中途如有漏存，应在次月补齐，未补存者，到期支取时按实存金额和实际存期，以支取日人民银行公告的活期利率计算利息。

零存整取可以说是一种强制存款的方法，每月固定存入相同金额的钱，养成一种"节流"的好习惯，严格地控制自己的消费，不再做"月光族"。久而久之，会看到自己有了存款，小金库也慢慢鼓了起来。

(四) 银行卡自动转账服务，不必每月往银行跑

国内的很多银行都已经开通了银行卡的定时汇款功能或自动转账服务。如光大银行定时汇款功能，此功能包括单笔定时汇款和批量定时汇款，当理财者需要在固定时间向固定的账户转账时可选择此功能。

中国工商银行的自动转账服务，目前包括固定周期型、余额补足型和起点触发型。

案例材料 2-2   固定周期型自动转账

王女士是个生意人，儿子在北京读大学。为了不让孩子乱花钱，她每个月末到银行给儿子寄生活费 700 元。她平时工作很忙，一忙起来就忘了。王女士感觉每个月专门跑银行为儿子存生活费，十分麻烦。有没有一种银行业务能帮王女士解决这个问题，既让她的儿子每个月末能按时收到生活费，同时王女士不用每个月都到银行排队存款呢？

1. 固定周期型自动转账

固定周期型自动转账是指银行按固定周期从账户转出固定金额的资金到本人或他人账户，适用于每月向房贷还款账户转账、给父母送赡养费以及为子女提供生活费等。

2. 余额补足型自动转账

余额补足型自动转账是指在存款人余额低于指定标准时，银行自动从其他账户转入一定金额予以补足，以保持账户余额在指定标准之上。

案例材料 2-3   余额补足型自动转账

张先生家庭属于典型的"收支两条线"：全家的收入来源于张先生的工资和奖金，而作为全职太太的张太太则主管全家的消费支出。出于安全和方便考虑，张先生专门为太太办理了一张牡丹

(续上)

灵通卡作为全家的消费账户,他希望这张卡上的余额保持在10 000元左右,以满足张太太日常刷卡消费和取现需要。

过去:张先生和太太经常需要检查牡丹灵通卡的余额,在余额低于10 000元的时候要到银行从张先生的工资账户转账。

现在:张先生通过办理"余额补足型自动转账",银行将每天检查张太太牡丹灵通卡的消费账户,当消费账户资金低于10 000元时,银行将自动从张先生指定的账户中划入一定金额补足消费账户。

3. 起点触发型自动转账

起点触发型自动转账是指在活期账户余额高于指定标准时,银行自动转出一定金额(可为超出金额或固定金额)存为定期存款(或通知存款),提高存款收益。转入账户还可以是本人或他人的活期账户。

 **案例材料2-4　起点触发型自动转账**

小张每月工资5 000元,生活基本开支每月3 000元,还有2 000元剩余,1年可省下24 000元活期存款。自从小张选择"起点触发型自动转账"服务后,银行自动每天检查收款账户,当收款账户资金超过3 000元时,银行将超出金额在入账当天自动转为1年期定期存款,即每月将2 000元存为1年期定期存款,这样日积月累,积少成多,既获得定期存款利息,到期后又有一笔数额较大的存款。

(五)教育储蓄

天下为人父母者,无不望子成龙。教育是头等大事,需要花费很多的资金。为鼓励城乡居民以储蓄存款方式,为其子女接受非义务教育(指九年义务教育之外的全日制高中、大中专、大学本科、硕士和博士研究生)积蓄资金,教育储蓄为我们开辟了绿色通道。教育储蓄是一种特殊的零存整取定期储蓄存款,享受优惠利率,更可获取额度内利息免税。开户对象为在校小学四年级(含四年级)以上学生,凭客户本人(学生)户口簿或居民身份证到储蓄机构以客户本人(学生)的姓名开立存款账户,金融机构根据客户提供的上述证明,登记证件名称及号码。存期分为1年、3年、6年。初中以上的学生选择存期3年的教育储蓄存款,小学四年级以上的学生选择存期为6年的教育储蓄存款。起存点为50元,每户本金最高限额为2万元。开户时储户与金融机构约定每月固定存入的金额,分月存入,中途如有漏存,应在次月补齐,未补存者按零存整取定期储蓄存款的有关规定处理。

教育储蓄可以全额提前支取,客户提供"证明",按实际存期和开户日同期同档次整存整取定期储蓄存款利率计付利息,并免征储蓄存款利息所得税;客户未能提供证明的,按实际存期和支取日活期储蓄存款利率计付利息,并按有关规定征收储蓄存款利息所得税。如果超过原定存期部分(逾期部分),按支取日活期储蓄存款利率计付利息,并按有关规定征收储蓄存款利息所得税。

（六）12 张存单法——年轻白领一族循环周期存钱

12 张存单法即每个月固定存 1 张 1 年期的存单，12 个月就有 12 张存单，1 年后每个月都有 1 张存单到期。这种存储方法能最大限度地发挥储蓄的灵活性，一旦急需，可支取到期或近期的存单，减少利息损失。如果存单到期不用，可继续滚存，这样不但享受比活期高的利率，还可拥有及时调整投资方向的余地。

此种存款方式尤其适合年轻白领一族。他们存款不多，收入主要以工资为主，工资都直接打在卡上，即活期存款。他们通常都是用多少取多少，每月节余部分也就放在卡里吃活期利息了。若每月发工资以后，根据自己的情况把一部分钱整存整取 1 年期，这样 1 年下来就有 12 张存单，1 年以后就会每个月都有 1 张存单到期，把到期单子的钱取出来再加上当月要存的钱一起再存起来，这样既不会在要用钱的时候没有钱，同时也享受了比活期高的利息。

（七）存单期限与金额适当分存

某客户存有一笔 1 年期整存整取的存单 10 万元，由于突发事件，急需 3 万元。除了从定期存款账户 10 万元里提取，没有别的办法。那么，提前支取其中的 3 万元按当期活期存款计息，另外剩下的 7 万元仍按定期计息。这样的做法损失了客户的定期存款利息。这也是很多人通常采取的存款方式。拿着大笔的现金，到银行存款时只开一张存单，或是把到期日相差时间很近的几张定期储蓄存单等到一起到期后，拿到银行进行转存。

就上面提到的这个客户，如果把 10 万元存单分成 3 份，分别为 2 万元、3 万元和 5 万元，存期为 1 年、2 年和 3 年。当他急需要钱时，可以相应地提前支取最近要到期的存款，这样可以满足用钱的需要，同时没有支取的其他期限的存单仍然享受定期利息。

二、贷款理财

理财得当不仅能使财富快速增长，同时也可最大限度地减少支出。也就是说，个人理财除了资产项目的管理，其实负债的管理也是重要环节。目前许多家庭都向银行贷款，于是归还银行贷款就成了许多人每月必须支出的最主要部分。看似简单的银行贷款，其实隐藏着很大的学问，弄清它的"真谛"，会让你节约一大笔开支，使你的银行贷款成本最低化。

（一）房贷还款方式的选择

房贷是一种工具，对银行来说，房贷产品是这种工具的表现形式，而对贷款人来说，房贷产品是这种工具的使用形式。选择还款方式，没有最好的，只有最适合的。每个人在选择还款方式时都应从多方面综合考虑之后再作出判断，而这些综合因素的排列组合又是千变万化的，因此选择还贷方案一定要因人而异、因事而异。

1. 等额本息还款法

这是最普通、最常用的还款方式。它指借款人每月以相等的金额（分期还款额）偿还贷款，其中每月归还的金额包括每月应还利息和本金。计算公式为：

$$每月偿还贷款本息 = 贷款总额 \times 月利率 + 贷款总额 \times 月利率 \div [(1+月利率)^{还款总月数} - 1]$$

此种方式的特点是，每月归还金额相等，便于安排其他资金的使用。但其中利息逐月递减、本金逐月增加。收入处于稳定状态的公务员、教师等群体可采用这种还款方式。

2. 等额本金还款法

等额本金还款法指借款人每月须偿还等额本金，同时付清本月应付的贷款利息，而每月归还的本金等于贷款总额除以贷款期数。由于本金逐月平均分摊,摊还速度快于等额本息法,因而比等额本息法节省利息支出;缺点是前期还款额较大,月供压力较大,且每月还款额不同。计算公式为:

每月偿还贷款本息=贷款本金÷还款总月数+(贷款本金-已归还本金累计额)×月利率

此种方式的特点是,每月归还金额递减,其中本金每月相等、利息逐月减少。总的利息支出较低,但是前期支付的本金和利息较多,还款负担逐月递减。采用等额本金还款方式,贷款人在开始还贷时,每月负担会较大。但随着时间的推移,还款负担会逐渐减轻,总的利息支出较低。相对于等额本息还款法而言,实际上是减少了占用银行资金的金额和缩短了占用时间,因此贷款利息总的计算下来就相对少了一些。

案例材料 2-5　还款方式的选择

王先生贷 20 万元 20 年期的房贷,如果王先生能享受 7 折利率优惠,则按等额本息还款法,月均还款额为 1 228.68 元,支付总利息为 94 882.32 元,还款总额为 294 882.32 万元。而按照等额本金还款法,需支付利息 83 506.5 万元,还款总额为 283 506.5 万元,首月还款额为 1 526.33 元,还款期最后 1 个月的还款额为 836.22 元。测算每月还款金额时,可以登录银率网,或通过各家银行的理财计算器得出,十分方便。

3. 递增还款法

递增还款法是指借款人可确定首个时间段内(1 年为 1 段)每期还款额,在此基础上确定逐段增加的还款额(可等额增加或等比例增加),递增期间结束后根据贷款余额和剩余期限按等额本息还款法归还贷款的还款方式。如 3 年期贷款,每隔 12 个月增加还款 100 元,若第一年每月还款 1 000 元,则第二年每月还款额为 1 100 元,第三年为 1 200 元。此种还款方式适用于当前收入较低,但收入曲线呈上升趋势的年轻群体。

4. 递减还款法

递减还款法是指借款人确定首个还款时间段内(1 年为 1 段)每期还款额,在此基础上确定逐段减少的还款额(可等额减少或等比例减少),递减期间结束后再根据贷款余额和剩余期限按等额本息还款法归还贷款的还款方式。如 3 年期贷款,每隔 12 个月减少还款 100 元,若第一年每月还款 1 000 元,则第二年每月还款额为 900 元,第三年每月还款额为 800 元。此种还款方式适用于当前收入较高,或有一定积蓄可用于还款的客户。

5. "气球贷"还款法

"气球贷"指贷款利息和部分本金分期偿还,剩余本金到期一次偿还。在房贷前期每期的还款金额较小,而在贷款到期时剩余较大部分的贷款本金,需要借款人一次性偿还,到期时的还款压力较大。如果"气球贷"到期后没法一次性偿还,可以向银行进行剩余本金再融资。"气球贷"为贷款人提供了一个较短的贷款期限(如 5 年),又以一个较长的期限来计算月供(如 20 年),减轻了前期还款压力。同时,由于贷款期限短,贷款利率也低。适合提前还款一族,在同等条件下,选择"气球贷"还款比正常还款可节省部分利息支出。如果未来利息还有可能上升,选择"气球贷"还款则更具有优势。

以贷款 50 万元期限 30 年为例,采用等额本息还款方法,利率采用当前银行执行标准,贷款期间假设利率不变。等额本息还款方法：现行利率5.94%下浮30%，实际利率为4.158%，每月还款2 432.84元，还清贷款本金利息和为875 824.10元。选择"气球贷"还款方式，比如采用5年期的"气球贷"（可按30年计算月供）按适用利率5.76%下浮30%，实际利率为4.032%，每月还款2 396.31元。首次"气球贷"到期后，若没能提前还款，剩余贷款额度可再次选择5年期"气球贷"，适用利率仍为4.032%，月供则按25年贷款期计算，则每月按揭款仍为2 396.31元。以此类推，直至30年后全部还清贷款。最后还清贷款时所支付的本金利息和为862 671.56元。通过比较，可以发现选择"气球贷"房贷还款业务，不仅没有增加月供的压力，还可节省利息13 152.54元。

6. 双周供还款法

双周供是对原来等额月供对半分，加速还款的一种创新房贷产品，其关键是通过增加每年的总还款额以达到加速还款，从而节省利息。由于双周供按照月还款额的一半来计算还款额，每两周还款一次，有的时候2个月要还款5次，贷款人在不知不觉中还款速度大大加快了，就会比按月还款省下一部分利息。双周供在贷款期限保持不变的情况下，每双周还款额比原月供少了一半。对于一些还款压力不重的家庭来说，双周供是一个不错的选择。

除了上述提到的住房还款方式，各银行都会根据市场需求不断推出新的还款方式。登录各银行网页都能查询，如中国农业银行的"安居好时贷"系列有如下还款方式：个人住房固定利率贷款、直客式贷款、非交易转按贷款、置换式个人住房贷款、存贷双赢房贷理财账户、个人住房与公积金组合贷款、个人贷款本息分别还款。

（二）信用卡

信用卡的出现的确给我们的生活带来了很多的方便，"用明天的钱改善今天的生活"也成为很多人的生活方式。刷卡积分，还能意外收获一些小礼物。但是如何使用信用卡更划算、更方便，其实是有很多技巧的，平时多留意这些注意事项，就能更合理地使用信用卡，做到省钱又省心。

1. 信用卡的相关术语

（1）信用额度。即指发卡机构根据申请人的资信状况等为其核定在卡片有效期内可循环使用的最高授信限额。持卡人可在该额度内刷卡消费和提取现金。

（2）对账单日。即指发卡机构定期对持卡人的交易款项、费用等进行汇总，结计利息，计算出持卡人应还款的日期。如中国农业银行对账单日是每月的5日。

（3）到期还款日。即指发卡机构规定的信用卡持卡人应该偿还其全部应付款项或最低还款额的最后日期。如中国农业银行到期还款日为对账单日后第20天。

（4）免息还款期。即指对于信用卡持卡人，除取现及转账透支交易外，其他透支交易从银行记账日起至到期还款日（含当日）之间可享受免息待遇的时间段。如中国农业银行信用卡免息期是对按期全额还款的持卡人提供的、只限消费交易的免息待遇。免息时间从中国农业银行记账日起至到期还款日止，最长56天，最短25天。

例如，如对账单日为每月10日，对账单日后第25天为到期还款日。如果在某月的10日消费，免息还款期即为25天；如果在某月的9日消费，免息还款期即为26天；如果在某月的11日消费，免息还款期为下个月的到期还款日，持卡人就可以享受56天的免息还款期了。在使用信用卡时，可以根据到期还款日期，选择较长时间的免息时间。

（5）最低还款额。即指发卡机构规定的信用卡持卡人在到期还款日（含当日）前应该偿还的最低金额，是上一期账单中最低还款额未还部分和当前对账单日账户透支余额10%的总和。

(6) 还款顺序。还款顺序为先偿还已过免息还款期透支款项,后偿还未过免息还款期透支款项,还款均以银行记账日先后顺序为准。

(7) 超限费。即指信用卡持卡人超额使用发卡机构为其核定的账户信用额度,且在账户超限当日(即发卡机构对该笔交易金额的记账日)未偿还超额部分,按规定应向发卡机构支付的款项(目前按超额部分5%支付超限费)。

(8) 滞纳金。即指信用卡持卡人未能在到期还款日(含当日)前偿还最低还款额,按规定应向发卡机构支付的款项。其计算公式为:

$$滞纳金=最低还款额未还部分\times 5\%$$

(9) 利息及费用计算。信用卡欠款的利息是按照复利收取的。

2. 信用卡使用技巧

(1) 免收年费。现在银行发放的信用卡一般都收取年费,各银行的信用卡年费收费情况大不一样,多则上千元,少则几百元。中国农业银行金穗白金贷记卡中,典藏版白金卡主卡3 000元/年,附属卡2 000元/年;精粹版白金卡主卡880元/年,附属卡500元/年。在通常情况下,办卡首年是免年费的,第二年刷卡满5次免年费,有些银行是当年刷卡3次免年费,不同银行规定是不同的。一般普通市民在选择信用卡时,应该关注它的年费收取规定。

很多信用卡的持卡人认为只要不激活就不会产生年费,所以随意办很多信用卡,导致"睡眠卡"也增多。很多持卡人在不知情的情况下,可能因手中"休眠卡"欠缴年费,而被发卡行列入黑名单,个人的信用记录由此大打折扣。所以市民手中如果有"休眠卡"的话,要尽快销掉。据了解,不激活不收费的银行有:中国工商银行、中国银行、民生银行、深圳发展银行、中信实业银行等,这些银行的信用卡一段时间不激活后自动成为废卡。即使不激活,第二年起也要收年费的银行有:中国建设银行龙卡80元/年;上海浦东发展银行普卡180元/年,金卡360元/年;交通银行太平洋卡140元/年;等等。

2009年7月16日,银监会在正式下发的《关于进一步规范信用卡业务的通知》中强调,在持卡人激活其所持信用卡以前,银行业金融机构不得收取任何费用。该通知要求各银行在2009年8月31日前完成整改。

(2) 定期整理账单,分析消费类型。刷卡消费后,银行每月都会寄送信用卡对账单,上面会逐笔列出消费的日期、商店及金额。当收到对账单时,应仔细核对用卡情况,如需查账,应于收到后的15天内通过客户服务中心进行查询。同时,将对账单进行整理分析,总结自己的消费行为,哪些东西该买,哪些不该买。做到合理使用信用卡,慢慢培养理性消费的习惯。

(3) 透支取现、预存现金不划算。相比较借记卡和准贷记卡,信用卡透支取现的成本是最高的。因为信用卡透支取现是不享有免息期的,除了按交易金额收取手续费外,还要征收万分之五的日息。所以用信用卡透支取现很不划算,信用卡的这一功能主要是满足持卡人紧急情况下使用现金的需要。一些信用卡持卡人把信用卡当作储蓄卡使用,在信用卡中存钱,白白损失了存款利息。有的银行规定,用信用卡取现,无论是否在透支额度限额之内,都要支付取现手续费。所以一定要先消费后还款,千万不要把闲钱存进信用卡。

(4) 利用免息期,及时还款。信用卡有一个对账单日,一个还款日,在还款日之前把所有的消费欠款还清就可以享受免息,否则就会从每笔消费的消费日开始,按照当月消费金额的全额计算利息,利率是每天万分之五,折合年息高达18%,相当于高利贷,不要因为一时的疏忽让钱白白流入银行。

如果工作繁忙,担心不记得还款,可在申请信用卡的银行同时申请一张储蓄卡,同时与银行签订一个还款协议,在免息期的最后一天,由银行自动从储蓄卡中扣款。

(5) 无力还款时,慎选最低还款额。银行在每个月寄送的对账单,都会有最低还款额。在当月最后还款日期内无力全额还款的人,可以使用最低还款额,这样对持卡人的信用没有影响。持卡人按"最低还款额"还了款,不用交滞纳金,但银行仍然会按照对账单全额计息。也就是说使用了最低还款额,就动用了信用卡的循环信用,就等于默认了向银行借的钱要收取利息,银行将针对所有欠款从记账日起征收利息,而不是仅收取未还部分的利息。

第三节　银行代理理财产品

目前,银行除了开展传统的存贷款业务外,还不断地扩展中间业务,在代理理财产品中推陈出新。

一、债券理财产品

目前,银行代理国债的种类有:凭证式国债、实物式国债和记账式国债(具体内容本书第五章介绍)。

二、基金理财产品

银行代销开放式基金是经中国人民银行和中国证券监督管理委员会批准,银行代为办理开放式基金单位的认购、申购和赎回等业务。银行与基金管理公司和券商建立合作关系,代销的开放式基金品种涵盖了股票型、混合型、债券型、保本型、货币型、LOF、ETF、创新封闭式基金和 QDII 基金等基金类型,满足不同客户多元化的投资需求(具体内容本书第四章介绍)。

三、第三方存管业务

客户证券交易结算资金第三方存管业务(以下简称第三方存管业务)是指证券公司将客户交易结算资金存放在指定的商业银行,并以每个客户名义单独立户管理,商业银行负责资金存取,发挥第三方监督作用,以保障客户资金安全为目的的资金存管模式。遵循"券商管证券,银行管资金"的原则,将投资者的证券账户与证券保证金账户严格进行分离管理。

四、保险理财产品

银行代理保险是商业银行采取相互协作的战略,充分利用和协同双方的优势资源,通过银行的销售渠道代理销售保险公司的产品,以一体化的经营方式来满足客户多元化金融需求的一种综合化的金融服务。商业银行代理保险业务具有客户、保险、银行"三赢"的特点。对客户而言,可以在银行缴纳首期和续期保险费、支付保险金,办理银行代理退保金或保单红利等业务,很大程度上方便了客户。对保险公司而言,利用银行网点作为销售渠道,可解决目前保险公司分支机构不足的问题,同时借助银行与客户之间已有的信任关系,可有效缩短保险产品与广大客户之间的距离。对银行而言,为客户提供多元化、全方位的金融服务,成为各家银行的战略目标,既丰富了银行的中间业务,也为银行扩大和稳固自身的客户群提供了机会。

目前,银行主要代理的险种包括寿险和财险。银行与寿险公司合作,通过银行柜面、理财中心、电话中心、网上银行等渠道给个人客户进行万能险、分红保险、意外险等保险产品销售。与财险公司合作,代销产品主要包括企业财产保险、机动车辆保险及货运险、非寿险投资型保险、家财险和意外险等产品(具体内容本书第六章介绍)。

五、信托理财产品

银行信托理财产品的设计模式大同小异,多是银行与信托公司合作,将理财资金全部或部分按照信托方式委托给信托公司,由其按照事先确定的方式投资于信托项目的业务,如传统基础设施项目或资质优良的企业信贷资产打包的信托计划。相对普通的信托计划,银行发售的信托理财产品收益率有一定保证。购买信托理财产品一般起点金额5万元人民币,按照整数倍递增。由于起点金额较高,适合于手中资金较充裕的人。

六、黄金

2002年10月30日,上海黄金交易所开始正式交易,从而结束了新中国黄金不能自由买卖的历史,标志着封闭了50余年的新中国黄金市场踏上了全面开放的进程。随后,中国各大国有商业银行和其他金融机构也开始纷纷抢滩黄金市场。各种黄金业务也争先出炉。银行实物黄金及"纸黄金"投资产品的不断推出,给客户更大的选择空间。

(一)个人实物黄金

1. 实物黄金概述

目前在我国,实物黄金投资主要包括金条和金币两种形式。作为"天然货币",实物黄金有很好的抵御通胀的作用,更适合那些希望长期保值、有真正需要提取实物黄金的投资者。与纸黄金相比,实物黄金最大的特点是可以提现。然而目前银行对于黄金的回收还有很多限制,不少银行只回收本银行出售的黄金,且只针对尚未提出柜台的黄金。对于已经流出柜台的黄金,则因为可能出现磨损等问题,而不予回收。

2. 中国工商银行"金行家"、"如意金"

"金行家"代理个人实物黄金业务是中国工商银行和上海黄金交易所联合推出的一项实物黄金投资产品。

(1)个人投资者开立黄金账户,分为人民币账户和美元账户。"人民币账户金"的报价是以上海黄金交易所提供Au99.99的即时交易报价为基准;在此外的时间段里,报价采用即时的国际市场报价折算成人民币报价的方式来确立。而"美元账户金"的报价就比较简单,直接按照美元来计价,不同时间段根据不同国际市场的即时行情,经过汇率换算后确立。

(2)交易时间:日市、夜市全天候交易。

(3)投资交易起点:一手,即100克黄金,投资起点金额只需2万多元。

(4)交易机制:T+0交易。

"如意金"分为"如意金条"和"如意金钱"两个类种,成色分别为99.99和99.9,是中国工商银行设计具有自身品牌的实物黄金,带有"中国工商银行"标识,委托上海黄金交易所认证的合格黄金精炼企业铸造。"如意金条"成色为99.99,包括20克、50克、100克、200克、500克和1千克等6个规格,在全国分行均有销售。"如意金钱"成色99.9,分为0.5盎司和1盎司两个规格,做工精美,纯金制造。

(1) 交易时间:周一至周日9:30～16:30(节假日除外)。营业时间如有调整以中国工商银行正式公告为准。

(2) 报价单位:人民币元/克,人民币元/枚。

3. 交通银行个人实物黄金买卖业务

(1) 交易品种:根据黄金交易所现行规定,个人实物黄金买卖业务的交易品种为Au99.99以及Au100克。

(2) 交易时间:

夜间为21:00～2:30(周一至周四,夜间交易为次日第一场交易)。

上午为9:00～11:30(周一至周五)。

下午为13:30～15:30(周一至周五)。

(3) 个人实物黄金买卖业务的费用:① 开户费。指银行代理黄金交易所为客户开立黄金交易账户收取的费用,金额为60元。② 手续费。个人实物黄金买卖交易手续费为交易金额的千分之二。③ 仓储费、运保费和溢短差。仓储费暂不收取。运保费为客户提取实物黄金时产生的费用,由银行代理黄金交易所向客户据实收取,其中金条运保费率为0.18元/克。溢短差是指黄金交易所对客户溢短差重量进行清算的费用。溢短差=溢短差重量×交割日该现货全额合约加权平均价。④ 出库费。客户提货成功后以现金方式向金库支付的费用,标准为2元/千克。

(二) 纸黄金

纸黄金是一种个人凭证式黄金,投资者按银行报价在账面上买卖虚拟黄金,通过把握国际金价走势低吸高抛,赚取黄金价格的波动差价。投资者的买卖交易记录只在个人预先开立的"黄金存折账户"上体现,而不能进行实物金的提取,从而避免了交易中的成色鉴定、重量检测等手续,省略了黄金实物交割的操作过程。纸黄金业务更适合客户短线博取差价,每克上涨0.8元就能保本;而实物黄金买卖价是在实时金价基础上加收了加工费、运输费、保管费等费用,每克买卖价差一般在10元以上,因此金价每克上涨10多元后变现才能保本。

以中国工商银行的"账户贵金属"为例,它适用于持有人民币或美元,又对炒黄金感兴趣的中国工商银行个人电子银行注册客户。

(1) 可通过网上银行、电话银行发出交易指令进行账户贵金属的即时、委托交易,并可进行账务管理、查询等相关操作。

(2) 投资品种包括人民币账户黄金和美元账户黄金。人民币账户黄金可以直接用人民币完成对黄金(克)的即时交易、委托交易等各项投资。美元账户黄金可以委托中国工商银行进行美元和黄金之间的买卖,将根据国际金融市场上黄金与美元的比价(分为买入价、卖出价两种)办理交易。

(3) 交易方式:采用即时和委托两种方式。投资者可以直接按中国工商银行的报价进行实时成交,或指定价格进行委托挂单。委托交易包括获利委托、止损委托和双向委托,最长委托时间可达120小时。

(4) 交易时间:每周一早上7点至周六早上4点,全天24小时不间断T+0交易。

(5) 交易起点:黄金(克)/人民币账户黄金买卖业务每笔交易起点金额为10克黄金,交易的最小计量单位为1克;黄金(盎司)/美元个人账户黄金买卖业务每笔交易起点金额为0.1盎司黄金,交易最小计量单位为0.01盎司。

(6) 交易机制：T+0交易。

第四节　银行理财的风险与防范

一、商业银行经营理财业务时的自身经营风险

商业银行经营的理财业务是信用业务，而且是拿别人的钱去赚别人的钱，因此，商业银行经营中所遇到的风险比其他行业多得多，也大得多。

商业银行在经营银行理财业务时遇到的风险主要有以下六种。

（一）信用风险

信用风险又称违约风险，这种风险主要源自两种情况：一是由于存款者挤兑提款，而银行没有足够的流动性准备金来应对，导致银行信誉下降，甚至破产倒闭。这种情况常常出现在因天灾人祸造成存款心理恐慌的时候，而银行如果管理不善、资金调度不灵，缺少正常的流动性准备金，也会导致这种风险。另一种情况是由于银行的贷款资产和投资资产不能按期足值收回，使银行资产遭受损失。在银行推出各种理财产品时，要充分考虑到投资产品的风险，特别是银行推出了很多代客理财和集合各种金融产品的打包产品（如商业银行集合理财产品），到期保证偿还客户本金是银行维护自身信用的首要任务。

（二）市场风险

市场风险又称利率风险，这是一种因市场利率变化引起资产价格变动或银行业务协定价格跟不上市场价格变化所带来的风险。在利率市场化的条件下，如果银行出售理财产品给客户，约定一段时间的利率水平，但随后利率下降，这就会形成银行付给客户的利息高于银行的收入利息，造成银行的亏损。当市场利率上涨时，银行手持现金的机会成本加大，长期贷款的原定利率就会因较低而蒙受损失，同时存款资金也可能流失；反之亦然。

（三）外汇风险

详见本书第六章外汇理财。

（四）通货膨胀风险

通货膨胀风险又称购买力风险，这是因通货膨胀、物价上升引起货币贬值而带来的风险。银行作为债权者和债务者身份的统一，这种风险的损益会部分相互抵消，但对于贷款大于存款的银行来讲，就会遭受本金贬值的风险。此外，在通货膨胀条件下，银行存款也将减少，使银行业务处于不利的条件。在银行推出理财产品或进行理财产品设计时，要充分考虑到当时的通货膨胀的压力，产品设计的期限和收益应根据通货膨胀的水平而调节。

（五）内部风险

内部风险又称管理风险，这是银行内部管理不善而导致的风险，主要有战略决策失误风险、新产品开发风险、营业差错风险和贪污盗窃风险。需要强调的是，在理财新产品开发时要考虑自身的技术实力，以及产品的内部风险是否可控和市场的承受程度。

（六）政治风险

政治风险又称政策风险，这是由于政治领导人的更替和政策方针的变更而给银行经营管

理带来的风险。在我国,这种风险主要表现为由于国家经济政策变更或国家在某一特定时期决策失误而给商业银行带来风险。当国家加大对房地产企业的支持,可能造成银行的贷款比重加大,但这无形中加大了银行的经营风险。

二、银行理财风险的防范

(一)风险回避

风险回避应了解以下三点:一是有时候消极地回避风险意味着放弃利益;二是回避一种风险的同时有可能产生其他新的风险;三是有些风险是无法回避的。

例如,我们发现股票型基金的收益较高,但风险很大,而且有可能使投资的本金受到损失,从而放弃此产品的投资,转而投资收益固定的国债。这就是典型的回避风险而放弃利益。

(二)风险控制

风险控制是一种预防为主的风险管理手段。预防是需要付出成本的,进行风险控制付出的成本与风险损失相比较,孰大孰小成为是否采取这一方法的决定性因素。在购买理财产品时,我们当然会选择收益高、风险小的产品,但风险和收益是相矛盾的,有些时候我们不得不为了提高收益而增大风险,但这个风险又要在我们可承受的范围之内。所以不同风险和收益产品的搭配就非常的重要,它也成为了风险控制的重要方法之一。

(三)风险保留

在风险所导致的损失较大或者无法预测的时候,要考虑个人家庭需要,每个家庭需建立家庭应急基金,有备无患。在选择银行的理财产品时,有些时候为了提高收益,必须保留一定的风险,但同时要维持资金的流动性,并且要能够满足我们家庭日常的工作、生活正常开支。例如,从一段很长的时间来考虑问题,如果我们以经济总是向前增长为前提,股票基金的收益一定要高于储蓄存款。所以当一部分资金长时间不用时,我们要投资一部分股票基金,这就是所谓的风险保留。

(四)风险分散

分散投资意味着持有多种风险资产,采用分散投资的资产组合投资策略,降低人们拥有任何单一资产所面临的风险,这也就是人们经常说的"不要把鸡蛋放在一个篮子里"的道理。个人投资理财为个人或者家庭整个生命周期规划了许多阶段性目标,要实现这些目标,往往需要通过分散投资的手段。

(五)风险转移

非保险类转移是通过订立经济合同,将风险及可能的损失转移给别人,常见的主要有租赁、互换和套期保值等。保险类转移是通过订立保险合同将风险转移给保险公司。并不是所有风险都可以通过风险转移手段来处理,如购买股票基金的收益风险。为了得到较高的收益所冒的风险是不可能转移的。

复习思考题

一、填空题

1. 商业银行在对潜在目标客户群分析研究的基础上,针对特定目标客户群开发设计并销售的资金投资和管理计划称为(　　)。
2. 根据投资方向不同,可将理财产品分为债券型、(　　)、(　　)、(　　)和(　　)。
3. 购买银行理财产品的渠道有(　　)、(　　)和(　　)。
4. 通知存款可以分为两种:(　　)和(　　)。
5. (　　)是指证券公司将客户交易结算资金存放在指定的商业银行,并以每个客户名义单独立户管理,商业银行负责资金存取,发挥第三方监督作用,以保障客户资金安全为目的的资金存管模式。遵循(　　)和(　　)的原则。
6. 银行代理的债券有(　　)、(　　)和(　　)等。
7. 商业银行代理保险业务范围有(　　)和(　　)。

二、判断题

1. 人民币理财产品只能用人民币购买。(　　)
2. 债券型理财产品,可以将资金投资于国债、企业债券。(　　)
3. 信托型理财产品是指商业银行与保险公司合作而设计的固定收益理财产品。(　　)
4. 投资者可以通过购买QDII型理财产品,由商业银行代理进行境外投资。(　　)
5. 保本收益理财产品是没有风险的。(　　)
6. 银行理财产品有的可以提前赎回,但需要收取手续费。(　　)
7. 个人理财主要考虑的是资产的增值,因此,个人理财就是如何进行投资。(　　)
8. 信用卡取现免收手续费。(　　)
9. 理财产品期限越长则流动性越好,期限越短则流动性越差。(　　)
10. 零存整取存款起点为5元,多存不限。(　　)
11. 余额触发型自动转账是在活期账户余额高于指定标准时,银行自动转出一定金额存为定期存款,提高存款收益。(　　)
12. 教育储蓄存款属于零存整取类存款,享受免息优惠。(　　)
13. 等额本息还款是每个月偿还的利息是一样的,本金不断减少。(　　)
14. 等额本金还款是每个月偿还的本金是一样的,利息不断增加。(　　)
15. "气球贷"还款方式下,后期还款本金压力较大。(　　)
16. 如果购房人选择商业贷款后就不能再选择住房公积金贷款。(　　)
17. 人们购买保险的主要目的是侧重于发挥保险的保障功能而不是投资功能。(　　)
18. 信用卡持卡人不能全额还款时,如果偿还了银行所规定的最低还款额,则银行将按未偿还部分收取利息。(　　)
19. 在银行购买到的基金是开放式基金,没有固定赎回期限。(　　)
20. 当通货膨胀时,可以选择购买黄金进行保值。(　　)

三、简答题

1. 银行理财产品构成要素有哪些?
2. 简述购买银行理财产品时应注意哪些事项?
3. 目前,我国商业银行可以代理哪些理财产品?

四、业务题

登录银率网,计算 50 万元贷款 15 年偿还期限,用等额本金、等额本息和双周供三种还款方式的月还款金额,试比较各种方法的优、缺点。如果是刚工作 3 年的年轻人,你会建议使用哪种还款方式?

第三章

股票投资理财

学习要点

【知识目标】 通过本章学习,掌握股票的概念、特征和种类等基础知识;熟悉股票的分析技术;明确股票投资所面临的一些风险及如何防范出现的风险。

【技能目标】 能够初步看懂上市公司财务会计报表;能够大致分析证券市场行情;能够针对客户实际情况提供适合的股票理财建议。

1930年8月30日,沃伦·巴菲特出生于美国内布拉斯加州的奥马哈市。

1941年,11岁的巴菲特跃身股海,购买了平生第一支股票。

1962年,巴菲特与合伙人合开的公司资本已经达到了720万美元,其中有100万美元是属于巴菲特个人的。

1968年,巴菲特公司的股票取得了历史上最好的成绩,业绩增长了59%,而同期道·琼斯指数才增长了9%,巴菲特掌管的资金上升至1.04亿美元。

1994年年底,巴菲特的公司早已不再是一家纺织厂,而变成巴菲特庞大的投资金融集团,发展成拥有230亿美元资产的伯克希尔工业王国。

1965—1994年,巴菲特公司的股票指数平均每年增值26.77%,高出道·琼斯指数增长率近17个百分点。如果谁在30年前选择了巴菲特,谁就坐上了发财的火箭。

看了这个资料后,你肯定会问什么是股票?股票有什么特征?如何购买股票?如何分析股票?这正是本章的主要内容。

第一节 股票的基础知识

一、股票的概念和特征

(一)股票的概念

股票究竟是什么呢?下面通过一段故事来讲给读者。

20多年前,有一位台湾的张先生在美国硅谷工作。张先生对电脑很感兴趣,白天除了在硅谷的一家电脑公司担任电脑设计师以外,晚上还在家里潜心研究,力图创新。经过一段时间的探索,张先生终于发明了一种新颖的迷你型电脑,专供家庭和小公司使用。这种电脑不仅速度快、使用方便,而且成本低廉。兴奋之余,张先生产生了独立开一家公司生产这种电脑的念头。

张先生向他的同事透露了他的想法,4位同事都是公司中杰出的工程师,于是5个人决定冒险辞去高薪职位,共同创立一家真正属于自己的公司。根据初步估算,开设新工厂至少需要50万美元的资金。为了筹集这笔资金,张先生向银行贷款,但因无抵押品而遭银行拒绝。最后,张先生接受了律师的建议,立即向有关单位登记,正式成立新公司,以发行股票的方式募集资金。这样,张氏电脑股份有限公司就诞生了。

公司成立以后的第一件事便是发行50万股股票,每股面值1元。这50万股普通股就是张氏电脑公司的创立股。随后,张先生和4位合伙人东奔西跑,竭力劝说亲朋好友购买股票,以凑齐50万美元的资金。

每一个购买了股票的人都从公司领到了一份证书,上面记载着股份数等内容,这种证书就是股票。持有股票的人便是公司的股东,持股的多少决定着股东在公司中发言权的大小以及今后领取股息和红利的多少。作为公司发起人的张先生,一下子就购买了5万股股票,成为公司最大的股东,并被推选为公司的董事长。几年后,由于张氏电脑股份有限公司的产品销路极好,购买该公司股票的人都获得了丰厚的利润。

由此可见,股票就是一种投资凭证或有价证券,是股份有限公司发行的、用以证明投资者股东身份和权益并据以获取股息和红利的凭证。

(二)股票的特征

1. 不可偿还性

股票的不可偿还性是指股票投资本金的不可偿还性。在投资者购买了股票以后,如果需要将有价证券兑换为现金,只能够通过股票的流通市场,在不同的投资者之间进行证券交易来实现,不能够要求发行公司偿还股票的投资。

2. 公司决策的参与性

股票投资者是公司的权益投资者,即公司的股东。在公司对重大事件进行决策时,需要通过股东代表大会进行投票表决,只有超过了法定支持率,决策的结果才能够付诸实施。股东代表大会是股东行使表决权的主要途径,股东按照自己所持有的股份数额参与股东代表大会,并行使自己的权利。

3. 收益性

收益性是指股票投资者拥有对公司经营收益的分配权,可以根据公司章程从公司领取股息和红利,从而获得投资的经济利益。这是投资者购买股票进行投资的基本目的,也是公司发行股票的必备条件。

4. 流通性

股票在一级市场上发行之后,便可以进入二级市场进行流通。股票的流通是指股票在不同投资者之间的交易行为。只有通过流通市场,投资者才能够自由买卖股票,并获取相应的买卖价差。同时,股票的交易行为也反映了投资者对股票价格的不同判断,从而在股票的供求之间寻求平衡,发挥证券市场的价格发现功能。由于一些历史的原因,我国企业的股票存在流通股和不可流通股两种类型,这种结构模式虽然在一定程度上促进了我国国有企业的改革,但是也造成了一些历史遗留问题,阻碍了证券市场功能的发挥。

5. 风险性和价格波动性

股票投资是一种风险水平较高的投资,它的风险性就体现在股票价格的不确定性上。正是由于这种价格波动性,使得投资者的投资收益处于一种变动的状态,即处于风险之中。引起股票价格波动的因素有很多,既有股票发行公司自身经营状况的内在因素,也有经济、政治和金融等环境因素变化的外在因素,这些因素的变动随时都在影响着股票价格的走势。投资者只有充分地了解和认识这些影响股票价格波动的因素,才能够获得良好的投资收益。

知识窗 3-1　　了解股票的基本术语

面值:即指以股份公司的资本总额划分成若干股,每一股代表的资本额就是面值。
市值:即指股票上市后在市场上的价格,有发行价格和交易买卖价格之分。
股权:即指股票拥有者按持股比例行使的权利。
股息:即指股份公司按持股比例支付给股东的收入。
红利:即指股份公司经营获利后,每年按持股份额分给股东的经济利益。

知识窗 3-2　　中国股票交易的发展

新中国成立后发行的第一支股票是在 20 世纪 80 年代中期。1984 年,北京天桥百货股份有限公司正式成立。随后,上海的飞乐公司、深圳的宝安公司相继发行了股票。

1988 年前后,在上海和深圳出现了地区性的股票交易。1990 年 12 月后,上海证券交易所、深圳证券交易所相继宣布开业,拉开了中国股票交易的序幕。

1992 年,中国证券监督管理委员会正式成立,从而使中国的股票交易走上了正规化和法制化的轨道。

二、股票的种类

在股票的大家族中,种类相当繁多。其中,以普通股和优先股最为常见,也最为重要。

(一)普通股

普通股是指在公司的经营管理和盈利及财产的分配上享有普通权利的股份,代表满足所有债权偿付要求及优先股东的收益权与求偿权要求后,对企业盈利和剩余财产的索取权,它构成公司资本的基础,是股票的一种基本形式。普通股有如下优点:持股人能够参与制定公司的生产经营方针,参与公司的管理;在优先股和债权人的要求得到基本满足以后,普通股股东对公司的利润和资产有无限的权利;普通股股东有获得股息的权利。当然,普通股也存在着如下的缺点:普通股持股人完全与公司荣辱与共,当公司经营状况良好时,他们就能获利较多;相反,当公司经营状况不好时,他们就获利较少。因而普通股带来的收益大多是潜在的,且收益的波动性很大,风险很高,普通股一般分为以下几类。

1. 绩优股

绩优股是指一些大公司发行的股票。这些公司一般业绩优良、稳定成熟,而且还具有较强的金融实力,在同行业中占有较为重要或支配的地位。

2. 成长股

成长股是指在销售额和收益额上的增长速度快于整体经济和同行业的增长速度的公司发行的股票。这些公司一般将公司盈余的相当一部分作为发展资金,只将盈余中的一小部分作为红利分给股东。随着公司的进一步发展,它发行的股票价格就会上升,持股人将从中受益。

3. 收入股

收入股是指那些能够获得较高的平均当期收益的股票。这些股票的购买者大多是法人团体,如信托基金和养老基金等。

4. 周期股

其特点是,商业条件好时,公司的利润就恢复和扩大,股价上升;反之,股价下跌。

5. 投机股

投机股是指那些从事开发性或冒险性事业的公司的股票。这些股票有时在几天内上涨许多倍,不过,这种股票的风险也很大。

(二)优先股

优先股和普通股一样,代表持股人在公司中的财产或所有权,但这种股票相对于普通股而言又有某些优先的权利。这些优先权利主要表现在:公司在支付给普通股股息之前,必须按优先股股息率支付优先股股息;当公司解散、改组或破产时,优先股持有者有优先分得公司财产的权利。当然,优先股也存在着一些缺点:优先股持有者没有表决权,无权过问公司的事务;由于股息率是固定的,优先股持有者不可能获得很高的利润;优先股可以自由买卖,但不得退股。

知识窗 3-3　我国股票的常见分类

A股是以人民币标明面值、以人民币认购和进行交易、供国内投资者买卖的股票。

B股又称人民币特种股票,是以人民币标明面值、以外币认购和进行交易的股票。

H股是指由中国境内注册的公司发行、直接在中国香港上市的股票。

N股是指由中国境内注册的公司发行、直接在美国纽约上市的股票。

三、股价

从理论上来讲,股票本身没有价值,仅仅是持股人对发行公司拥有财产或所有权的一种凭证。它之所以具有交换价值,是因为股票能给持有人带来股息收入。投资人在购买一只股票之前,一般应从以下几个方面考虑。

(一)股票的票面价值

股票的票面价值是指股票票面上标明的金额。它的主要功能就是表明股票的认购者在股份公司投资中所占的比例。例如,某公司发行股票的总股本为 20 万元,而每股股票的票面价值为 20 元,那么,每股股票就代表在股份公司所占的股份为万分之一。

（二）股票的账面价值

股票的账面价值大体上反映了每股普通股所代表的公司净资产的多少。股票的账面价值的计算公式为：

$$账面价值 =（公司资产净值 - 优先股股票总面值）÷ 普通股股票的总股数$$

（三）股票的价格

股票的价格也称市值，是证券市场上买卖股票的价钱。在一般情况下，股票价格的高低取决于银行利率的高低。股息率高于存款利率，股票价格就会上涨；反之，股票价格就会下跌。股票价格的计算公式为：

$$股票价格 = 预期股息 ÷ 银行利率$$

例如，面值100元的股票，每年可得到10元的股息，如果当时的银行年利率为5%，那么股票的价格即为200元（10÷5%）。

一般来说，股票的价格总是围绕其票面价值上下波动的。但是，由于影响股票价格的因素极其复杂，股票的价格越来越脱离其票面价值，有些股票价格与其票面价值相差几倍，甚至数十倍。

造成股价脱离其票面价值的直接原因是供求关系。如果卖者多于买者，股价就会下跌；如果买者多于卖者，股价就会上升。当然这只是表面现象，在供求关系的背后，还有极为复杂的因素。这些因素可以分为内部因素和外部因素。内部因素主要是指发行股票公司的经营状况和发展前景等；外部因素主要有政治因素、经济因素和心理因素等，一些股市大户的炒作也可能引起股价的变化。

四、股票的交易程序

股票买卖和其他商品买卖有很大的不同。股票买卖主要有两种形式：一种是投资人通过证券交易所内的经纪人买卖股票，另一种是投资人自己到证券交易所去买卖股票，前一种形式较后一种形式普遍一些。股票的交易程序主要有以下几个。

（一）开设账户

想委托经纪人进行股票买卖的股票投资者应首先找经纪人公司开设账户。如果经纪人公司对股票投资者的信用情况不清楚，往往会对要求开设账户的股票投资者进行调查，它可能要求股票投资者交押金或提供银行担保，以确保股票投资者的信用安全可靠。

（二）下达指令

开设账户以后，股票投资者就可以挑选经纪人为自己买卖股票。以后每次做股票买卖，股票投资者都可以向经纪人下达指令，由经纪人去执行。为了信誉，经纪人往往会力争以对股票投资者最有利的价格完成交易。

（三）成交过程

交易所里的经纪人一接到股票投资者买卖某只股票的指令，就迅速到买卖这只股票的交易站去执行指令。由于要买进和卖出这只股票的都不止一家，因此，他们通过双方拍卖的形式来完成交易。也就是说，在买卖的过程中，竞争不仅发生在买主之间，也发生在卖主之间。

（四）交割

交割是指买卖完成后，买主支付现金取得股票、卖主交出股票取得现金的手续。有些交割在买卖完成后立即完成,有些则在成交后一定时间内完成。交割手续通常由清算公司办理。

知识窗 3-4　散户和大户

散户是指资金实力较小的投资者,其入市的资金一般也就 3 万～5 万元左右,甚至更低,基本由工薪阶层组成。散户的人数众多,约占股民总数的 95% 左右。

大户是资金实力较为雄厚的投资者,他们是股票市场中的一个特殊群体,主要由机构投资者组成,数量有限,其比例占股民总数的 5% 左右,但其资金实力约占到整个股市的 2/3 以上。

第二节　股票投资理财实务

世界上没有十分准确的预言。国外有这样一个故事,一个学生问一位正在讲授股票价格分析方法的教授:"老师,您能告诉我,买哪只股票能挣到钱呢?"老师笑着回答,"如果我能准确知道哪只股票挣钱,哪只股票赔钱,我早就到华尔街去了"。这个故事告诉我们,世界上没有哪个预言可以预测得十分准确,我们在这里介绍股票价格的分析方法,仅仅是给大家提供一个分析的思路。

预测股票价格变动趋势的方法,从大的方面看,包括基本分析和技术分析两大类。

一、股票价格基本分析

股票价格基本分析是指从研究股票价格变动的影响因素出发,通过分析公司外部的投资环境和内部的各种影响因素,从而发现股票价格变动的一般趋势的分析方法。基本分析主要包括三部分:宏观分析、中观分析和微观分析。

(一) 宏观分析

宏观分析是指对影响股票市场的全局性和长期性的因素进行分析,如国民生产总值、经济运行周期、财政货币政策和利率变动等。宏观经济因素几乎对每只股票均构成影响。

从长期和根本上来看,一个国家的经济发展水平和经济周期决定着该国股票市场的基本走势。在经济发展的上升时期,企业经济状况良好,盈余较多,其股票价格处于上升态势;反之,在经济发展的不景气时期,由于投资和消费下降,企业销售不畅、收入锐减、盈余较少甚至亏损,其股票价格会不断下跌。因此,股票市场实际上是整个国民经济发展的"晴雨表"。

在成熟的股票市场上,利率是一个十分敏感的影响股票市场走势的因素。

利率是怎样影响股票市场价格的呢?一般来讲,当利率上升时,由于把钱存入银行比投入股市更加有利,于是老百姓的钱就会从股市转移到银行,买股票的少了,卖股票的多了,从而导致股票价格下降;同时,由于利率的上升,企业负担的银行贷款利息增加,经营成本上升,从而导致利润下降,股票价格下跌。反之,当银行的利率下降时,老百姓出于保值增值的需要,则会将资金从银行转移到股市,从而刺激股票价格上涨;同时,由于企业从银行贷款的成本下降,经营成本降低,利润增加,也会导致公司股票价格的上涨。正因为股票价格和利率有如此紧密的传导关系，当股票市场过热或过冷时，政府会利用利率这个杠杆影响股市，避免股市出现大的波动。

除了上述提到的经济因素以外，国际、国内的政治形势，大的政治事件，国家之间的关系，甚至重要领导人的变动等，都会对股票价格产生巨大的、突发性的影响。例如，2003年，凡是受"非典"影响的行业，如旅游、交通和商贸等，其行业经营收益遭到重大损失的同时，其股票价格也不同程度处于下降趋势；反之，那些和预防、抗击"非典"相关的行业，如医药、卫生业等，其行业经营利润大幅度提升，其股票价格也相应处于上升态势。

（二）中观分析

产业分析是中观分析的重点，产业在不同的生命周期表现出不同的业绩，因此，分析产业的生命周期是股票投资分析的重要依据。一般来讲，在产业的初创阶段，企业数量少，集中程度高；同时，由于技术相对不成熟，产品品种比较单一，质量低且不太稳定；而且，由于新产品的开发和推广需要较大的费用，因此产业的利润微薄甚至亏损。初创阶段的产业在传统的证券市场上是不符合上市条件的，许多国家为了满足这类产业对资金的需求，纷纷设立了上市条件有别于传统证券市场的、专门为新兴产业上市融资的新型证券市场，如美国的纳斯达克市场、中国香港的第二板市场。

在产业的成长阶段，随着生产技术的成熟和稳定，产品呈现多样化、差别化，质量提高且比较稳定，产业的固定费用也随之下降，产业的利润迅速增长且利润率较高，相应地，成长性产业的股票价格也会快速上涨。

在产业的成熟阶段，即产业发展的稳定阶段，产业的集中程度很高，并出现了一定程度的垄断，产业的利润达到了很高的水平，而产业的风险却因市场比较稳定而较低，因此，成熟阶段的股票价格一般呈稳步攀升之势，颇具有长期投资的价值。

在产业的衰退阶段，由于新产品和替代品的大量出现，产业的竞争力下降，市场需求逐渐减少，销售下降价格下跌利润降低。由于衰退期的产业已丧失进一步发展的空间，所以这类产业的股票价格通常很低，不引人注目。

板块分析是产业分析的进一步延续，但板块分析又不完全等同于产业分析。什么是"板块"呢？板块是指某些具有共同特征的股票群。板块的划分，大致可以分为：① 按行业分类的板块，如房地产板块、金融板块等。② 按地域分类的板块，如西部板块、浦东板块等。③ 按业绩分类的板块，如绩优股板块、ST 板块等。④ 其他无特殊题材的板块。

除了按上述标准进行分类以外，板块还可以根据板块热点持续的时间长短不同，分为短线板块和长线板块。短线板块的形成完全是短期炒作的结果，板块热点难以持续，市场行情瞬息万变，不容易捕捉投资的机会，而长线板块则有实实在在的投资价值，板块热点持续时间较长，市场行情一般较为稳定，是理想的投资板块。因此，股票投资者在购买股票之前，一定要冷静分析某一板块是长线板块还是短线板块。对于短线板块，更应特别注意把握投资的时机；否则，很可能因为板块的稍纵即逝而被"套牢"。

（三）微观分析

微观分析也称为公司分析、企业分析。股票的价值决定股票的价格是微观分析的理论基础。因此，对公司股票价格的分析，重点是对公司的价值进行分析。公司的价值即其内在的投资价值，是公司获利与其投资成本的比较。公司分析的内容包括公司所处的行业分析、公司竞争地位分析和公司财务会计报表分析。

有资料显示：不同行业，其资本利润率是有高低差别的。而公司的竞争地位决定了公司在该行业中是处于有利地位还是不利的地位，这对于投资股票来说，是十分重要的因素。行业分析主要考虑三个方面的因素：现有企业之间的竞争程度，新进入企业的威胁和企业的谈判地位。公司的竞争地位分析主要是分析公司的竞争战略，即公司是采用成本主导型战略还是营销差异型战略。我们在这里主要给大家介绍公司的财务会计报表分析。世界上各个国家的证券法都严格规定，上市公司应定期提供并公开有关经注册会计师审核过的财务会计报表，供投资者查阅有关公司的财务状况、经营成果和现金流量等信息。财务会计报表分析的目的，并不在于看一家公司的财务数据怎么样，而是通过财务数据，借以判断公司的经营管理状况，进而判断公司的价值如何，公司是否值得投资，公司的股票是否值得购买，是短期炒作还是长期持有，等等。

财务会计报表分析主要研究公司的盈利能力分析、发展能力分析等方面的指标。

1. 公司的盈利能力分析指标

（1）资产报酬率。资产报酬率又称投资盈利率，是指企业资产总额中平均每百元资产所能获得的净利润，它是用以衡量公司运用所有投资资源获得经营成果的指标。资产报酬率越高，说明公司越善于运用资产；反之，则其资产利用效率越差，其计算公式为：

$$资产报酬率＝税后利润÷平均资产总额×100\%$$

$$平均资产总额＝(期初资产总额＋期末资产总额)÷2$$

（2）股东权益报酬率。股东权益报酬率又称净值报酬率，是指公司普通股的投资者运用其资金所能获得的投资报酬率。通过股东权益报酬率这一指标，可以衡量出公司普通股权益所获得的报酬率的高低，因而这一比率最为股票投资者所关注。同时，利用这一比率还可以检测一个公司产品利润的大小及其销售收入的高低。股东权益报酬率越高，说明产品所获利润越大，销售收入越多；反之，则表示产品的利润越小，销售收入越少，其计算公式为：

$$股东权益报酬率＝(税后利润－优先股股利)÷股东权益×100\%$$

（3）股利报酬率。股利报酬率即股息盈利率，是指每股股利与每股股票现行市场价格的比率。该指标反映投资者投入资金所能得到的股利的百分比，其计算公式为：

$$股利报酬率＝普通股每股股利÷普通股每股市价×100\%$$

（4）每股账面价值。每股账面价值即股东权益总额与发行股票的总股数的比率。将每股账面价值与每股票面价值相比较，可以看出公司经营状况的好坏，其计算公式为：

$$每股账面价值＝股东权益总额÷(优先股股数＋普通股股数)×100\%$$

（5）每股盈利。每股盈利即税后利润减去优先股股利后，与已发行普通股股数之间的比率。通过分析公司的每股盈利，股票投资者不但可以了解公司的获利能力，而且还可以通过每股盈利的大小来预测每股股息和股息增长率，并据此决定每一普通股的内在价值，其计算公式为：

$$每股盈利＝(税后利润－优先股股利)÷普通股股数$$

（6）股息支付率。股息支付率又称股利分配率，反映已宣布派发的普通股股利与普通股账面价值之间的比例关系。股利支付率越高，表明该公司获利情况越好，股东权利越有保障，其计算公式为：

股息支付率＝(现金股利－优先股股利)÷(税后利润－优先股股利)＝普通股股利÷普通股账面价值

（7）市盈率。市盈率即股票市价与每股收益之间的比率。股票投资者可据此预期公司未来盈利的增长状况，其计算公式为：

$$市盈率＝股票市价÷每股收益$$

2. 公司的发展能力分析指标

公司的发展能力，即公司的扩张能力，这是股票投资者选择股票应最为关注的问题。

（1）利润增长率。利润增长率是指企业报告期的利润增加额与基期利润额的比率，是反映企业报告期实现的利润总额比基期实现的利润总额增长程度的指标，其计算公式为：

$$利润增长率＝(报告期利润总额－基期利润总额)÷基期利润总额×100\%$$

利润增长率是企业提高盈利水平所取得的总效果，它综合反映了企业生产经营的成果，因而是考核企业经济效益的一项主要指标。

（2）销售增长率。销售增长率是指企业报告期的产品销售收入增加额与基期产品销售收入额的比率，是反映企业报告期实现的产品销售收入与基期实现的销售收入相比增长程度的指标，其计算公式为：

$$销售增长率＝(报告期产品销售额－基期产品销售额)÷基期产品销售额×100\%$$

销售增长率为企业盈利总额的增长限定了一个有效空间。企业盈利总水平不可能无限增长，因而，企业要扩大盈利能力，最为有效的做法是扩大销售，维持较高水平的销售增长率。

（3）利润留存率。利润留存率是指公司税后利润减去应发现金股利的差额与税后利润的比率。它表明在公司的税后利润中，有多少用于发放股利，有多少用于留存收益和扩展经营。该指标越高，说明公司越重视发展的后劲；相反，该指标越低，说明公司生产经营不顺利，不得不动用更多的利润去弥补损失，或者分红太多，发展潜力有限。其计算公式为：

$$利润留存率＝(税后利润－应发股利)÷税后利润×100\%$$

（4）再投资率。再投资率又称内部成长性比率，表明公司用其盈余所得再投资，以支持公司成长的能力。再投资率越高，公司扩大经营的能力就越强；反之，则越弱。其计算公式为：

$$再投资率＝资本报酬率×股东盈利率＝税后利润÷股东权益×$$
$$(股东盈利－股息支付)÷股东盈利$$

财务会计报表分析是公司价值分析的基础，在成熟的股票市场上，股票价格基本上是由公司股票的价值决定的。如果在一定时期内，股票的价格大幅度地背离股票的价值，则该股票市场存在着极大的风险，应该引起股票投资者的警惕。

知识窗 3-5　何谓"羊群心理"？

在股票交易市场中，很多投资者存在一种盲目跟风心理，被人们称为"羊群心理"。这种心理往往存在于中小散户投资者身上。他们最大的心理特点是求利心切，怕吃亏。这种心理状态易被一些大机构利用，从而引起股价波动。一个成功的投资理财者，除了要求有足够的实践经验和丰富的股市知识外，还需具备良好的心理素质、稳定的心理状态和对外部的抗干扰能力。

二、简单的技术分析

所谓技术分析,是指直接对证券市场的市场行为所作的分析。其特点是通过对市场过去和现在的行为,应用数学和逻辑的方法,探索出一些典型的规律并据此预测证券市场的未来变化趋势。

(一) 技术分析的理论基础

技术分析的理论基础是基于以下三大合理的市场假设。

1. 市场行为涵盖一切信息

该假设是进行技术分析的基础。其主要思想是认为影响股票价格的每一个因素都反映在市场行为中,不必对影响股票价格的因素具体是什么给予多的关心。

2. 价格沿趋势运动

该假设是进行技术分析最根本、最核心的因素。其主要思想是股票价格的变动是按一定规律进行的,股票价格有保持原来方向运动的惯性。

3. 历史会重演

该假设是从人的心理因素方面考虑的。市场中进行具体买卖的是人,人决定了最终的操作行为。一个人在某一场合,得到某种结果,那么下一次碰到相同或相似的场合,这个人就认为会得到相同的结果。

在三大假设下,技术分析有了自己的理论基础。第一条假设肯定了研究市场行为就意味着全面考虑了影响股价的所有因素;第二条和第三条假设使得我们找到的规律能够应用于股票市场的实际操作之中。

(二) 技术分析的要素

在证券市场中,价格、成交量、时间和空间是进行分析的要素。这几个要素的具体情况和相互关系是进行正确分析的基础。

1. 价和量是市场行为最基本的表现

一般来说,买卖双方对价格的认同程度通过成交量的大小得到确认。认同程度小,分歧大,成交量大;认同程度大,分歧小,成交量小。双方的这种市场行为反映在价、量上往往就呈现出这样一种趋势规律:价升量增,价跌量减。根据这一趋势规律,当价格上升到成交量不再增加时,意味着价格得不到卖方确认,价格上升趋势就将会改变;反之,当价格下跌时,成交量萎缩到一定程度就不再萎缩,意味着卖方不再认同价格继续往下降了,价格下跌趋势就将改变。成交价与成交量的这种规律关系是技术分析的合理性所在,因此,价、量是技术分析的基本要素,一切技术分析方法都是以价、量关系为研究对象的,目的就是分析、预测未来价格趋势,为投资决策提供服务。

2. 成交量与价格趋势的关系

成交量与价格趋势的关系具体来讲有十种结合形态:

(1) 股价随着成交量的递增而上涨,为市场行情的正常特性,表示股价将继续上涨。

(2) 在波段涨势中,股价随着递增的成交量而上涨,突破前一波的高峰,创下新高后继续上涨,然而此波段股价上涨的整个成交量水准却低于前一波段上涨的成交量水准,股价突然创新高,量却没突破创出新水准量,则此波段股价涨势令人怀疑,同时也是股价趋势潜在的反转信号。

(3) 股价上涨,成交量却逐渐萎缩。成交量是股价上涨的原动力,原动力不足,显示股价趋势潜在反转的信号。

（4）有时股价随着缓慢递增的成交量而逐渐上涨，走势突然成为垂直上升的喷发行情，成交量急剧增加，股价暴涨。紧随此波走势，成交量出现大幅萎缩，同时股价急速下跌。这种现象表示涨势已到末期，上升乏力，走势力竭，显示出趋势反转的现象。

（5）在一个波段的长期下跌形成谷底后，股价回升，成交量并没有因股价上涨而递增，股价上涨乏力，然后再度跌落至先前谷底附近或高于谷底。当第二谷底的成交量低于第一谷底时，是股价上涨的信号。

（6）股价下跌，向下跌破股价形态趋势线或移动平均线，同时出现大成交量，是股价下跌的信号，强调趋势反转形成空头市场。

（7）股价下跌一段相当长的时间后，出现恐慌性卖出，随着日益扩大的成交量，股价大幅度下跌，继恐慌性卖出之后，预期股价可能上涨，同时恐慌性卖出所创的低价，将不可能在极短时间内跌破。大量恐慌性卖出之后，往往是空头的结束。

（8）当市场行情持续上涨很久，出现急剧增加的成交量，而股价却上涨乏力，在高档盘旋，无法再向上大幅上涨，显示卖压沉重，从而形成股价下跌的因素。股价连续下跌之后，在低档出现大成交量，股价却没有进一步下跌，价格仅小幅变动，是买进的信号。

（9）成交量作为价格形态的确认。如果没有成交量的确认，价格形态将是虚的，其可靠性也就值得怀疑。

（10）成交量是股价的先行指标。一般而言，量是价的先行指标。当量增时，价迟早会跟上来；当价升而量不增时，价格迟早会掉下来。因此人们往往说："价是虚的，而只有量才是真实的"。

时间在进行行情判断时有着重要的作用。一个已经形成的趋势在短时间内不会发生根本改变，即中途出现的反方向波动，对原来趋势不会产生根本改变。一个形成了的趋势又不可能永远不变，经过了一定时间又会有新的趋势出现。如循环周期理论就十分强调时间的重要性。

空间在某种意义上讲，可以认为是价格的一方面，是指价格波动能够达到极限。

 知识窗 3-6　沪、深两大交易所申报规则

申报价格：交易所只接受会员的限价申报。

报价单位：不同的证券交易采用不同的计价单位。股票为"每股价格"，基金为"每份基金价格"，债券为"每百元面值的价格"，债券回购为"每百元资金到期年收益"。

价格最小变化档位：A股、债券的申报价格最小变动单位为0.01元人民币；基金为0.001元人民币。

涨跌幅限制：交易所对股票、基金交易实行价格涨跌幅限制，涨跌幅比例为10%，其中ST股票价格涨跌幅比例为5%。股票、基金上市首日不受涨跌幅限制。

委托买卖单位：买入股票或基金，申报数量应当为100股（份）或其整数倍。债券以人民币1000元面额为1手。债券回购以1000元标准券或综合券为1手。债券和债券回购以1手或其整数倍进行申报，其中，上海证券交易所债券回购以100手或其整数倍进行申报。

申报上限：股票（基金）单笔申报最大数量应当低于100万股（份），债券单笔申报最大数量应当低于1万手（含1万手）。交易所可以根据需要调整不同种类或流通量的单笔申报最大数量。

（三）技术分析的方法及其应注意的问题

技术分析方法多种多样，人们最关心其实用性。这里介绍几种比较常用的技术分析方法。一般而言，可以将技术分析方法分为指标类、切线类、形态类和K线类四种。

（1）指标类。常用的指标有相对强弱指标(RSI)和随机指标(KD)等。

A. RSI。一般短期 RSI 设 $N=6$，长期 RSI 设 $N=12$。RSI 值永远在 0～100 之内变动。RSI 的应用原则为：① 白色的短期 RSI 值在 20 以下，由下向上交叉黄色的长期 RSI 值时为买入信号。② 白色的短期 RSI 值在 80 以上，由上向下交叉黄色的长期 RSI 值时为卖出信号。③ 短期 RSI 由上向下突破 50，代表股价已经转弱。④ 短期 RSI 值由下向上突破 50，代表股价已经转强。⑤ RSI 值高于 80 进入超买区，股价随时可能形成短期回档。⑥ 当 RSI 值低于 20 进入超卖区，股价随时可能形成短期反弹。⑦ 股价一波比一波高，而 RSI 随时可能形成短期一波比一波低，形成顶背离，行情可能反转下跌；若股价一波比一波低，而 RSI 一波比一波高，形成底背离，行情可能反转上升。但用 RSI 判断底部图形较不明显。

B. KD。KD 的应用原则为：① D 值在 70 以上时，市场出现超买现象；D 值在 30 以下则市场呈现超卖现象。② 当 K 线由上升趋于走平时，是卖出信号；反之，K 线由下降趋于平时，是买进信号。③ 当 K 值大于 D 值，表明价格处于上涨趋势。因此，当图形上 K 线向上突破 D 线，即为买入信号。④ 当 D 值大于 K 值，表明价格处于下跌趋势。因此当图形上 K 线向下突破 D 线，即为卖出信号。⑤ K 线、D 线的交叉在 80 以上、20 以下时，其买进卖出信号较为准确。⑥ 当价格走势一峰比一峰高，随机指数三条曲线一波比一波低，是卖出信号；反之，即为买入信号。⑦ KD 指标用于发行量与成交量均较大的股票，可靠性更高。⑧ K 线和 D 线在 50 左右交叉时为盘整行情，此指标不能当成明显的买卖信号。

（2）切线类。切线类是按一定方法和原则在由股票价格的数据所绘制的图表中划出一些直线，然后根据这些直线的情况推测股票价格的未来趋势，这些直线就是切线。切线的作用主要是起支撑和压力的作用，支撑线和压力线的往后延伸位置对价格趋势起一定的制约作用。一般来说，股票价格在从下向上升的过程中，一触及压力线，甚至远未触及压力线，就会调头向下。同样，股价从上向下跌的过程中，在支撑线附近就会转头向上。如果触及切线后没有转向，而是继续向上或向下，这就叫突破。突破之后，这条切线的作用就发生了实质性变化，原来的支撑线变成压力线，原来的压力线变成支撑线。

（3）形态类。形态类是根据价格图表中过去一段时间走过的轨迹形态预测股票价格未来趋势的方法。价格走过的形态是市场行为的重要部分，是股票市场对各种信息感受之后的具体表现，用价格图的轨迹或者说是形态来推测股票价格的将来是很有道理的。从价格轨迹的形态中，我们可以推测出股票市场处在一个什么样的大环境之中，由此对今后的投资给予一定的指导。著名的形态有 M 头、W 底、头肩顶和头肩底等。

双重顶和双重底就是市场非常熟悉的反转形态 M 头和 W 底。图 3-1 和图 3-2 是这两种形态的简单形状。下面以图 3-1 为例说明一下双重顶的形成过程。

在上升趋势末期，股价在第一个高点 A 创出新高之后正常回落，受上升趋势线支撑，在 B 点附近停止下跌后继续上升。但是力量不够，上升高度不足，在 C 点（几乎与 A 点等高）遇到压力，股价向下，这样就形成 A 和 C 两个顶的形状。

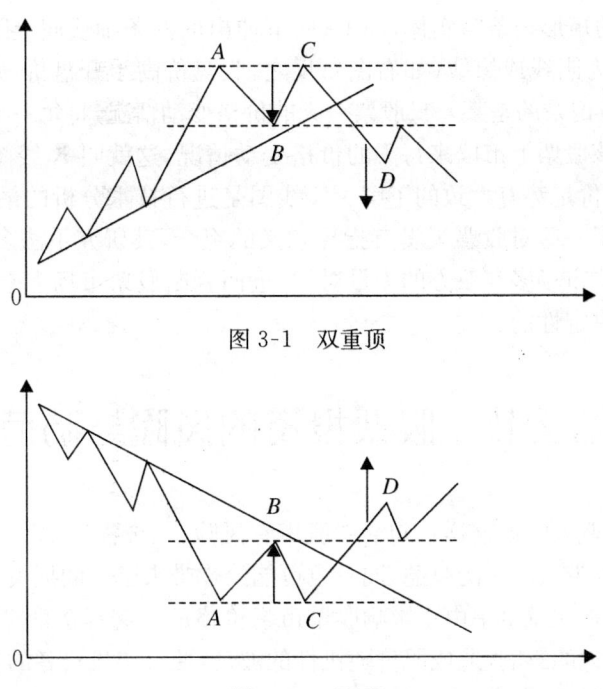

图 3-1 双重顶

图 3-2 双重底

M 头形成后,有两种可能的前途:第一种是未突破 B 点的支撑位置,股价在 A、B、C 三点的狭窄范围内上下波动;第二种是突破 B 点的支撑位置继续向下,这种情况才是双重顶反转形态真正出现。前一种情况只能说是一个潜在的双重顶反转形态出现了,而一个真正的双重顶反转形态的出现,除了必要的两个高度一致的高点外,还应该向下突破 B 点支撑。一旦双重顶反转形态得到确认,就可以用它预测后市。一般而言,从突破点算起,股价将至少要跌到与形态高度相等的距离,即从 A 或 C 到 B 的垂直距离。图 3-1 中右边箭头所指的将是股价至少要跌到的位置,换句话说,股价必须在这条线之下才能找到像样的支撑,它之前的支撑都不足取。

以上是以双重顶为例,对于双重底,只要将双重顶的介绍反过来叙述就可以了,见图 3-2。

(4) K 线类。K 线由日本人发明并在东亚地区广为流行。广大股票投资者进入股票市场后,进行技术分析时往往首先接触 K 线图。K 线是一条柱状线,由影线和实体组成。影线在实体上方部分叫上影线,影线在实体下方部分叫下影线。实体分阳线和阴线两种。

价格的变动主要体现在四个价格上,即开盘价、最高价、最低价和收盘价。图 3-3 是两个常见的 K 线形状。

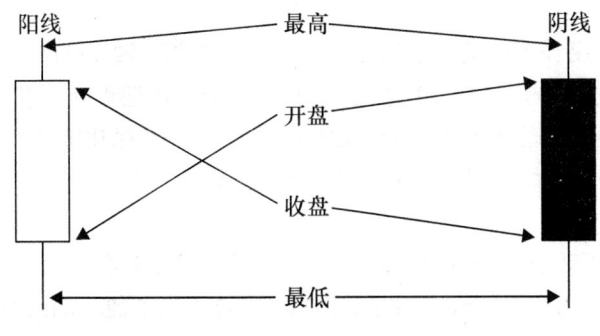

图 3-3 K 线形状示意图

图 3-3 中，中间的矩形长条叫实体，向上、向下伸出的两条细线叫上下影线。如果开盘价高于收盘价，则实体为阴线或黑线（如右图）；反之，收盘价高于开盘价，则实体为阳线或红线（如左图）。一条 K 线记录的是某一只股票一天的价格变动情况，将每一天的 K 线按时间顺序排列在一起，就组成该股票上市以来每天的价格变动情况，这就叫 K 线图。看见了 K 线图就会对过去和现在的股价走势有大致的了解。K 线图是进行技术分析的最重要图表，人们经过不断总结经验，发现了一些对股票买卖有指导意义的组合，其研究手法多是侧重若干天 K 线的组合情况，推测股票市场多空双方的力量对比，进而判断股票市场多空双方谁占优势，这种态势是暂时的，还是决定性的。

第三节　股票投资的风险与防范

我们经常听到专业人士说这样一句话："股市有风险，入市需谨慎"。股票投资，其实是一把双刃剑，既可能给你带来巨大的收益，同时也可能给你带来巨大的损失。

股市中的风险是指在竞争中由于影响股票市场价格的未来经济活动的不确定性，或各种事先无法预料到的因素的影响，造成股价随机性的波动，使股票投资者的实际收益和预期收益发生背离，从而使股票投资者有蒙受损失甚至破产的可能。

收益和风险是股票投资中的两个中心议题，只要有股票存在，就有伴随而来的风险。

任何一个准备投资或已经在股市中的股票投资者，在实施股票投资活动前，都应树立风险意识，认清风险、正视风险。

一、股市风险的种类

股票投资者向股票市场投入资金买入股票，一般的出发点是期待获得高过同期银行储蓄存款利息的投资收益回报。然而无论是成熟股市还是新兴股市，价格波动总是客观存在的，股票投资者有可能在盲目投资之下，出现高位买进股票而股价下跌、市值受损的局面，收益率未必能如最初所愿。低买高卖虽然是理想的投资操作，然而在经济形势变化、趋势转向和公司基本面变化之际，投资者信心受挫而出现高买低卖的现象也屡见不鲜。同时，由于对市场规则不了解、对交易制度不熟悉，也可能出现股票交易过程中蒙受损失的情况。为此，我们有必要对现存的股市风险分类。从风险与收益的关系来看，股票风险可分为系统风险（又称市场风险）和非系统风险（又称非市场风险）两种。

（一）系统风险

成熟的股市是"国民经济的晴雨表"。宏观经济形势的好坏、财政政策和货币政策的调整、政局的变化、汇率的波动和资金供求关系的变动等，都会引起股票市场价格的波动。对于股票投资者来说，这种风险是无法消除的，股票投资者无法通过多样化的投资组合进行保值，这就是系统风险的原因所在。系统风险按其构成主要包括以下四类。

1. 政策风险

政策风险是指由于政府的宏观经济政策和管理措施发生变化，从而导致证券收益的损失，这在新兴股市表现尤为突出。经济政策、产业政策的变化和税率的改变，可以影响到公司利润和债券收益的变化，进而影响到股市的价格。而证券交易政策的变化，则是直接影响到证券的价格。因此,每一项经济政策、法规和措施的出台或调整,对证券市场都会产生一定的影响,引起市场价格整体的波动。每一位股票投资者在股票投资之前,都必须正确对待股市可能遭遇的政策风险。

2. 利率风险

利率风险对股市价格的影响,主要表现在两个方面:一方面,上市公司经营运作的资金有利息成本。若利率上升则意味着企业利润的降低。由于股票的价格反映着股票的内在价值,因此,股价必然会伴随着股票价值的降低而下跌。另一方面,流入股票市场的资金,在收益率方面往往有一定的标准和预期,同期利率往往被当作这些资金收益的参照标准。当市场利率上升时,在股票市场中寻求回报的资金往往要求获得高过同期市场利率的收益率。如果难以达到,资金将会流出股票市场转向收益率相对较高的领域;反之,当市场利率下降时,资金往往从储蓄流向股市,从而对股市价格产生影响,这种反向变动的趋势在债券市场上表现得尤为突出。

3. 购买力风险

购买力风险通常也称为通货膨胀风险。在现实生活中,由于物价的上涨,同样金额的资金未必能买到过去同样的商品。这种物价的变化导致了资金实际购买力的不确定性,称为购买力风险。同样,在股票市场上,由于投资股票的回报是以货币的形式来支付的,在通货膨胀时期,货币的购买力下降,也就是投资的实际收益下降,从而给投资者带来损失。

4. 市场风险

市场风险是股票投资活动中最普遍、最常见的风险。当整个股票市场价格连续过度上涨时,股价已远离合理价值区域,股价上涨主要依靠资金的简单流入推动,即所谓"投机搏傻",趋势投机代替了价值投资。但泡沫总有破灭的一天,当后继投资者不再认同没有价值支撑的股价时,市场由高位回落便成为自然。这种转折趋势一旦形成,往往形成单边没有承接力的连续下跌,这在过去世界各国的股市灾难中已被多次证明,这也是股票投资者无法回避和必然要接受的风险。

(二) 非系统风险

非系统风险与前述的系统风险不同,非系统风险主要指股票投资者在股票市场中购买单只股票所发生的收益波动。众所周知,股票的价格同上市公司的经营业绩和重大事件密切相关,公司的经营管理、财务状况、市场销售和重大投资等因素的变化都会影响公司的股价走势。这种风险主要影响某一只股票,与市场的其他股票没有直接联系,因此,股票投资者可以通过分散购买多种股票的方法,来抵消该种风险,这就是非系统风险。它主要包括以下几类。

1. 经营风险

在股票市场上进行交易的股票的价格,从根本上说是反映上市公司股票内在价值的,其价值的大小归根结底是由上市公司的经营业绩决定的。然而上市公司本身的经营是有风险的,经营上潜伏着不景气,甚至失败、倒闭的可能,从而造成股票投资者收益的减少或损失的增加。

2. 财务风险

财务风险是指公司因筹措资金不当而产生的风险,即公司可能丧失偿债能力的风险。公司财务结构的不合理,往往会给公司造成财务风险。导致财务风险的因素主要有资本负债的比率、资产与负债的期限、债务结构不当等因素。股票投资者在投资股票时,应注意对公司的财务会计报表进行分析。

3. 道德风险

道德风险主要是指上市公司管理者不以股东价值最大化为经营准则,追求在职消费等个人利益,从而导致公司价值下降而产生的风险。上市公司的股东和管理者是一种委托—代理关系,由于股东和管理者都是理性的"经纪人",都追求个人收益的最大化,尤其在双方信息不对称的情况下,管理者的行为可能会造成对股东利益的损害,从而导致公司股票价格下降。近几年来,我国上市公司出现的问题大多都与管理层的道德风险有关。

4. 交易过程风险

股票市场的投资运作是极其复杂的。股票投资者时刻面临着交易过程中的种种风险,包括由于自己不慎或券商失职而招致股票被盗卖、资金被冒提、保证金被挪用以及信用交易不受法律保护、买卖操作失误、接受不合规证券咨询导致损失等。

(1) 选择证券公司不当可能存在潜在的风险。证券公司及其营业部管理和服务质量的好坏直接关系到股票投资者交易的效率和安全性。如果股票投资者随意选择一家证券公司的营业部,或单纯就佣金的高低选择不合规范的委托代理机构,就有可能遇到以下风险:因证券公司经营不善招致倒闭的风险;因证券公司经营不规范造成保证金及利息被挪用、股息被拖欠的风险;因证券公司管理不善导致账户数据泄密、股票被盗卖、资金被冒提的风险。

(2) 操作性风险。操作性风险是指因结算过程中的电脑或人为操作处理不当而导致的风险。它大致可分成两类:一类是由于电脑自身软、硬件故障,在市场火暴时可能导致行情数据、委托交易延误,从而使股票投资者错过时机,造成投资损失。对于这类风险,股票投资者可以根据是否由于不可抗力造成,通过法律途径申请自己的正当主张,以降低风险损失程度。另一类则要从股票投资者自身的知识层面去寻找问题所在。目前,股票市场中金融创新不断增多,不同交易品种、交易方式同时存在着,比如如何正确报价、权证价格涨跌停幅度如何计算、新股上市以及股改实施后首日复牌价格涨跌幅限制等,股票投资者需要积极主动地去学习相应的知识;否则很有可能发生损失。

(3) 不合规的证券咨询风险。随着参与股市的投资者数量增加,对咨询的需求也在上升,投资咨询业务受到了空前的重视。然而证券咨询机构鱼龙混杂,既有正规券商研究机构对相应开户投资者的日常咨询,也存在着非法证券咨询机构利用投资者急于找到"牛"股的心态,以加盟会员、缴纳会费和推荐个股的方式吸引股票投资者。由于法律责任不明确,股票投资者很可能在其误导下进行操作,从而导致不必要的损失和难以明确责任的纠纷。

二、股市风险的防范

股票市场的风险是客观存在的,与收益相生相伴,股票投资者应在入市之前作好充分准备,除了学习相关的股票投资知识以外,还应多了解、分析和研究宏观经济形势及上市公司的经营状况,增强风险防范意识,掌握风险防范技巧,提高抵御风险的能力。鉴于系统风险和部分非系统风险不是股票投资者个人所能掌控的,因此,在这里主要从股票投资技术的角度,介绍一些股票风险的防范知识。

(一) 股票价格波动的风险防范

1. 树立正确的投资观念

自从股票市场诞生的那一天起,风险就不可避免地存在着,对于股票投资者来说,要充分地认识到这个股票市场的本质,切忌盲目对股票市场产生过于乐观或过于悲观的判断。在这一点上,我国古代的辩证思想倒是确实值得股票投资者学习和深思。

2. 学习一些必须的股票投资分析知识

股票市场本身是一门非常广泛而深奥的学问,若想成为一个稳健而成功的股票投资者,就必须花些心思和时间去研究一些基本的股票知识,包括对公司的财务分析和预测市场波动的技术理论等。

3. 认清投资环境,把握投资时机

股市与经济环境、政治环境息息相关。经济衰退,股市萎缩,股价下跌;反之,经济复苏,股市繁荣,股价上涨。政治环境对股市的影响也同样如此。这也就是说股票投资者在投资前应先认清投资的环境,避免逆势买卖。

4. 确定合适的投资方式

股票投资采用何种方式,应因股票投资者的性格与空闲时间而定。一般而言,不以赚取差价为主要目的,应多采用长期投资方式;本身有职业,没有太多时间关注股票市场,而又有相当积蓄及投资经验的,适合采用中期投资方式;时间较空闲,有丰富经验,市场感觉灵敏的投资者可采用短线交易的方式。

5. 制订周详的资金运作计划

股票投资者可以根据自身的偏好选择合适的投资品种进行组合。不同的股票具有不同的收益和不同的风险水平,以投资组合的方式参与股票市场,不将所有的资金集中于某一支股票,这就是西方所谓的投资组合理论。树立正确的投资收益预期和止损标准,选股贵在精而不在多。

6. 上市公司的内在价值是股价的基础

从本质上讲,股票仅仅是一种凭证,其作用是用来证明持有人的财产权利。当持有股票后,股东不但可以参加股东大会,对股份公司的经营决策施加影响,而且还能享受分红和派息的权利,获得相应的经济利益。上市公司的盈利能力,所对应的净资产的大小,以及未来这种盈利能力和资产变化的趋势预期,反映了股票的内在价值。股价是不可能长期脱离其内在价值的,价格过度地背离价值必定不会长久,这也是股票风险积聚的源泉,股票投资者需要提前作出判断。

7. 利用技术分析来判断股市

系统风险是无法回避的,如突发事件、政治、经济、军事变化等都是无法事先预测的。因此,技术分析在一定程度上可以弥补股票投资者在系统风险防范上的不足。技术分析可以帮助股票投资者了解市场的买卖力量对比、风险收益的平衡,对于把握趋势有较强的帮助。

(二) 规避操作流程的风险

1. 选择信誉好的证券公司,获得正规咨询服务

证券公司及其营业部管理和服务质量的好坏直接关系到股票投资者的交易效率和安全。根据国家规定,证券公司及其证券营业部的设立要经过主管部门的批准。股票投资者在确定其合法性后,可依据其他客观标准来选择令自己放心投资的营业部和咨询服务平台。这些标准主要包括:公司规模、信誉、服务质量、软硬件及配套设施和内部管理状况等。

2. 签订指定交易等有关协议

股票投资者选择了一家证券公司营业部作为股票交易代理人时,必须与其签订《证券买卖

代理协议》和《指定交易协议》,形成委托代理的合同关系,双方依约享有协议所规定的权利和义务。股票投资者一旦采用指定交易方式,便只能在指定的证券公司营业部办理有关的委托交易,而不能再在其他地方进行股票的买卖。当然,股票投资者也可以在原来的证券公司营业部撤销指定交易,并重新指定新的证券公司或营业部进行交易。

3. 切忌进行不受法律保护的信用交易

信用交易又称"保证金交易",是指股票投资者按照法律规定,在买卖证券时只向证券公司交付一定数量的保证金,由证券公司提供融资或融券进行交易。目前,我国关于信用交易的法规制度还在探索和制定中,股票投资者切勿在还没有明确法律保护之际,就急切通过"透支"扩大交易规模,那样做只会无端增加风险。

4. 防止股票被盗卖和资金被多提

股票被第三人盗卖及保证金被多提主要有两个原因:一是股民的相关证件和交易资料发生泄露,使违法者有机可乘;二是因证券公司管理不严等因素使违法者得以进行盗卖。股票投资者必须在日常投资实践中增强风险防范意识,尤其要注意以下事项:在证券营业部开户时要预留三证(身份证、股东卡、资金卡)复印件和签名样本;细心保管好自己的三证和资金存取单据、股票买卖交割单等所有的原始凭证,以防不慎被人利用;经常查询资金余额和股票托管余额,发现问题及时处理,减少损失;注意交易密码和提款密码的保密;不定期修改密码;逐步采用自助委托等方式,减少柜台委托。

5. 认真核对交割单和对账单

目前,A股交易采用"T+1"交收制度,即当天买卖、次日交割。股票投资者应在交易日后一天在证券营业部打印交割单,以核对自己的买卖情况。如股票投资者发现资金账户里的资金与实有资金存在差异,可向证券营业部索取对账单,核对以往交易资料;如发现资料有误,股票投资者还可向证券营业部查询核对,进行交涉。

复习思考题

一、单选题

1. 安全性最高的有价证券是(   )。
   A. 国债　　　　　B. 股票　　　　　C. 公司债券　　　　D. 企业债券
2. 债券和股票的相同点在于(   )。
   A. 具有同样的权利　　　　　　B. 收益率一样
   C. 风险一样　　　　　　　　　D. 都是筹资手段
3. 我国有关法律规定,公司缴纳所得税后的利润,按照(   )顺序分配。
   A. 弥补亏损、提取法定盈余公积金、提取公益金、支付股利、提取任意盈余公积金
   B. 弥补亏损、提取任意盈余公积金、支付股利、提取法定盈余公积金、提取公益金
   C. 弥补亏损、提取法定盈余公积金、提取公益金、提取任意盈余公积金、支付股利
   D. 弥补亏损、支付股利、提取法定盈余公积金、提取公益金、提取任意盈余公积金

4. 股票价格指数期货是为适应人们管理股市风险,尤其是( )的需要而产生的。
   A. 系统性风险   B. 非系统性风险   C. 信用风险   D. 财务风险
5. 股票的理论价值是( )。
   A. 票面价值   B. 账面价值   C. 清算价值   D. 内在价值

二、多选题

1. 根据股票的定义,股票的基本要素有( )。
   A. 发行主体   B. 票面金额   C. 持有人   D. 股份
2. 股票的未来收益包括( )。
   A. 股息收入   B. 资本利得   C. 股本增值收益   D. 清算价值
3. 优先股的特征有( )。
   A. 一般无表决权   B. 股息分派优先
   C. 股息率固定   D. 剩余资产分配优先
4. 非系统风险包括( )等。
   A. 信用风险   B. 经营风险   C. 购买力风险   D. 财务风险
5. 股息的具体形式包括( )。
   A. 建业股息   B. 负债股息   C. 现金股息   D. 财产股息
6. 证券市场的纵向结构关系是由( )构成的。
   A. 一级市场   B. 股票市场   C. 二级市场   D. 基金市场
7. 证券市场的基本功能有( )。
   A. 筹资功能   B. 资本定价   C. 资本配置   D. 流通功能
8. 股票具有的特征有( )。
   A. 收益性   B. 风险性   C. 流通性   D. 不可偿还性
9. 证券交易所内证券交易的竞价原则有( )。
   A. 价格优先原则   B. 时间优先原则
   C. 最大成交量原则   D. 全部成交原则

三、判断题

1. 普通股股票在权利义务上不附加任何条件。( )
2. 每日的开盘价由证券交易所确定。( )
3. 系统性风险是不可以回避的,但可以分散。( )
4. 我国《公司法》规定,股票发行价格可以按票面金额,也可以超过票面金额,同样也可以低于票面金额。( )
5. 债券具有永久性的特性。( )
6. 股票代表了股东对股份公司的所有权,所以股票是物权证券。( )
7. 证券二级市场上证券的买卖并不增加投入实际生产领域的资金,所以它没有什么意义。( )
8. 证券市场上投机者的活动对市场的健康发展只是起到破坏性的作用。( )
9. 股票的现值就是股票当前收益的未来价值。( )

10. 承担的风险越大,获得的收益也就一定越高。　　　　　　　　　　(　　)

11. 股息和红利是一样的。　　　　　　　　　　　　　　　　　　　　(　　)

四、简答题

1. 什么是基本分析？什么是技术分析？两者的侧重点有何不同？
2. 宏观经济变动与宏观经济政策对证券市场有哪些影响？
3. 行业生命周期分为哪几个阶段？
4. 如何识别虚假年报？
5. 什么是技术分析的三大市场假设？
6. 成交量与价格趋势的关系主要有哪些？

五、业务题

1. 如果一只股票某天的开盘价为5.6元,最高价为6元,最低价为5.2元,收盘价为5.8元,请画出该股票该天交易的K线图。如果收盘价为5.3元,则K线图又是怎样？

2. 投资者以每股40元的价格买了100股某公司股票,后来该公司进行利润分配10股送10股派5元,除权后股价上涨到每股30元,投资者在该价位全部卖出,计算该股票的持有期收益率。

第四章

基金投资理财

学习要点

【知识目标】 通过本章学习,懂得证券投资基金理财的含义和种类;了解各类证券投资基金的特点、优势及其与其他投资方的比较;明确证券投资基金的投资程序和投资方法;掌握证券投资基金风险的种类与风险的防范。

【技能目标】 能够看懂基金报价、基金报告;能够正确选择证券投资基金;能够分析基金的业绩。

随着证券投资基金市场的发展,证券投资基金数量越来越多,基金代理业务也发展起来了。近来,各大商业银行顺应投资者个性化、多样化的理财要求,相继打出"基金理财"招牌。那么证券投资基金理财与其他金融理财有什么不同呢?证券投资基金理财有哪些风险?如何进行基金理财?这正是本章的主要内容。

第一节 基金的基础知识

一、基金及其种类

(一)基金的含义

中国基金业最早是从 1991 年武汉证券投资基金和深圳南山风险投资基金的设立开始的,当时的基金发展较缓慢,运作也不规范。1997 年 11 月,国务院证券监督管理委员会颁布《证券投资基金管理暂行办法》,成为我国首次颁布的规范证券投资基金运作的行政法规,为我国基金业的发展奠定了基础。1998 年,基金金泰和基金开元的设立揭开了新基金发展的序幕,此后一段时间内是封闭式基金的发展阶段。2001 年 9 月,我国第一支开放式基金华安创新成功发行,从此我国基金业进入一个全新的发展阶段,开放式基金从无到有迅速发展,日益成为我国基金业的主流。

经过 100 多年的发展,基金已经成为国际上一种非常成熟的大众理财品种。在中国,仅 2006 年,每 3 元沪深 A 股流通市值中就有 1 元是基金所贡献的,基金业已成为我国金融市场中发展最快的行业。

证券投资基金就是通过发行基金单位汇集众多投资者的闲置资金,由基金托管人托管,由基金管理人统一管理并投资于股票、债券、外汇等金融证券,获得投资收益和资本增值,从而为投资者谋利的一种投资工具。通俗地说,就是投资者把自己的钱交给专家来管理以达到资金的保值增值。它属于一种间接的利益共享、风险共担的证券投资方式,如图4-1所示。

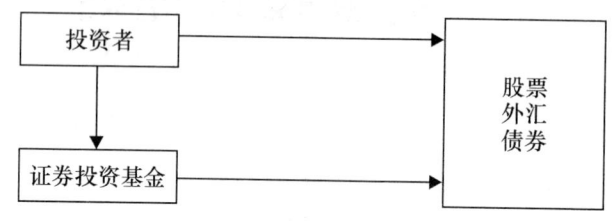

图4-1 证券投资基金概念简图

(二)证券投资基金种类

1. 证券投资开放式基金和封闭式基金

证券投资基金有很多种,根据基金的总份数是否固定以及基金能否赎回可分为开放式基金和封闭式基金。

开放式基金不上市交易,该基金的总份数不固定,基金管理公司可以根据经营需要追加发行基金的份数,投资者可以随时按照基金净值在银行等机构进行申购和赎回,它是基金中的主流。

封闭式基金是指发行份额事先确定,基金规模固定,有固定的存续期,一般可以按照基金净值打折买卖,在证券交易场所上市交易,投资者通过证券市场(交易所)转让、买卖的基金。封闭式基金的封闭期限是指基金的存续期,即基金从成立起到终止之间的时间。

2. 平衡型基金、收入型基金和成长型基金

根据投资风险与收益的不同,通常将证券投资基金分为平衡型基金、收入型基金和成长型基金。

平衡型基金既追求长期资本增值又追求当期收入,风险和收益比较中性,如招商安泰平衡型基金。

收入型基金是以追求基金当期收入为投资目标的基金,成长性较弱,风险也较低,适合保守的投资者和退休者,如天元证券投资基金。

成长型基金是以追求资产的长期增值和盈利为基本目标,投资于具有良好增长潜力的上市公司股票或其他证券,如南方稳健成长基金和华夏成长基金等。

3. 公司型基金和契约型基金

根据组织形态的不同,证券投资基金可分为公司型基金和契约型基金。

证券投资基金通过发行基金股份,以成立投资基金公司的形式设立,称为公司型基金。由基金管理人、基金托管人和投资人三方通过基金契约设立,称为契约型基金,也称信托型投资基金。目前,我国的证券投资基金均为契约型基金。

4. 股票基金、债券基金、货币市场基金和期货基金

根据投资对象的不同,证券投资基金可分为股票基金、债券基金和货币市场基金等。

股票基金主要投资股票;债券基金主要投资债券,收益很稳定,但不高;货币市场基金投资于到期日不超过1年的债券和央行票据等,收益更为稳定,可比定期存款略高些,几乎不存在亏钱的可能性。

5. LOF 和 ETF

除此之外,还有一些特殊的基金。LOF 基金是一种特殊的开放式基金,中文名称为"上市型开放式基金",是指基金发行结束后,投资者既可以在指定网点申购与赎回基金份额,也可以通过证券交易所买卖该基金。不过投资者如果是在指定网点申购的基金份额,想要上网抛出,须办理一定的转托管手续。同样,如果是在交易所网上买进的基金份额,想要在指定网点赎回,也要办理一定的转托管手续。ETF 基金又称为交易所交易基金,是指在交易所上市交易的开放式指数基金,投资者既可以在二级市场买卖 ETF 份额,又可以向基金管理公司申购或赎回 ETF 份额,投资者可以如同买卖单个股票一样简单地买卖 ETF,并获得与该 ETF 目标指数基本相同的报酬率。

(三) 定期定投基金

基金的投资方式有两种:单笔投资和定期定额投资。定期定额投资就是投资者向基金销售机构提交定期定额申购业务申请,每次申购日期固定,申购金额固定,由销售机构于每月约定的申购日期,在投资者指定资金账户内自动完成扣款和基金申购申请的一种投资方式。这种方式类似于银行储蓄"零存整取"的方式。例如,每隔一段固定时间(每月 20 日)以固定的金额(200 元)投资于同一只开放式基金。

选择基金定投计划有很多优点:第一,基金定投弱化了进场时机,减少了投资者在不适宜时候进入的风险。第二,投资起点低,定期投资,小钱变大钱。很多基金公司的定投业务投资起点仅为每月 100 元人民币,仅仅是吃顿饭的钱,长期坚持下来,就会在不知不觉中积攒一笔不小的财富。第三,自动扣款,办理手续简便。第四,平均成本,分散风险。定期定额投资由于每月投资金额固定,当基金净值上涨时,买入的基金份额少一些;当基金净值下跌时,买入的基金份额就会多一些,从而实现了平均投资成本,避免了在市场高位集中买入而造成投资成本过高,还分散了股市涨幅不定、基金净值起伏的短期风险。这样就很自然地形成了"逢高减筹,逢低加码"的投资策略,可分散投资风险。

定投基金特别适合那些想降低投资风险,有固定收入但无暇理财,或者在未来某一时点有资金需求的投资人群,可用于积累退休基金和子女教育基金等。

 知识窗 4-1　华安创新基金

2001 年 9 月,我国第一家开放式基金——华安创新面世,发行 50 亿份,其中 60% 即 30 亿份首先向个人发售,其余部分在向个人发售完毕之后向机构发售。个人认购量最低限额为 1 万元,最高限额为 30 万元,机构认购最低限额为 30 万元,累计申购上限为 5 亿元。交通银行为该基金的托管人。该基金实际发行 58 亿元。

二、基金的特点、优势及与其他投资方式的比较

(一) 基金的特点及优势

基金的种类很多,不同类型的基金有不同的特点。总体来讲,证券投资基金都具有如下的特点。

1. 专业管理、专业投资和专业理财

证券投资基金就是投资者将资金交给专家来管理,统一进行投资,获取收益的理财工具。基金资产由专业的基金管理人(基金公司)负责管理,他们所配备的专业理财人员都具有精深的理论知识,并在投资领域积累了相当丰富的经验。由于他们与证券市场联系紧密,能够及时获得较完备的信息资料,获得较佳的投资收益的机会也比较高,避免了一般投资者由于缺乏专业知识和无法进行全面的考察引起的投资失误。

2. 投资起点低,费用低,方便投资

证券投资基金最低投资额一般都比较低,并且手续费也比较低,投资者可以根据自己的能力购买基金。另外,基金在税收上通常也享有优惠。

3. 组合投资,分散风险

普通投资者通常由于资金的原因无法投资于多只股票,在一只股票下跌时无法以其他股票的上涨来平衡损失,分散风险。而基金公司可以根据比例,将投资者的资金投资于多只股票或各类证券品种,通过组合投资来平衡风险。

4. 流动性强,安全性好

基金的买卖程序比较简便,对于开放式基金而言,投资者可以在短时间内收到赎回收益,不需受到一个期限的限制,随时可以赎回套现。而且当投资者要赎回基金时,基金公司必须根据当时的价格,让客户赎回基金单位,这比股票投资在股票大跌时出现无法成交的情况安全得多。

(二)基金与其他投资方式的比较

基于对基金的特点及优势的了解和介绍,在这里,将开放式基金与其他投资方式作一下比较,主要分析开放式基金与股票、债券之间的区别,以帮助投资者根据自己的需要合理投资。

股票是股份有限公司在筹集资本时向出资人发行的股份凭证,代表持有者即股东对公司的所有权,体现的是一种产权关系,而基金体现的是一种信托关系。在股市上,低买高卖通常是股民遵循的赢利原则,尤其是许多短线投资人,习惯在上涨时进行抛售,一方面获取收益,另一方面规避风险。基金也曾经由于投资者的这种心理,在基金公司业绩良好时遭遇巨额赎回的命运。股票的大量抛售会形成股市的下跌,而基金净值不会因为巨额赎回而下降,唯一影响其净值的是投资组合的收益率,即只要其投资组合是赢利的,其净值依然在面值以上。相比来讲,股票是高风险、高回报的投资方式;基金是低风险、低收益的投资方式。开放式基金与股票的其他不同之处在表 4-1 中综合列出。除了有不同之处外,基金与股票还是有联系的,尤其是股票型基金,主要投资于股票,一般会随着股指的变化而变化。2006 年股市一路飘红,基金投资者也跟着赚了一笔;一直到股市大盘涨到了 4000 点之后,股市开始大幅下跌,开放式基金净值也随之下跌。股市的变动自然会影响到经济,从而影响到基金,所以当大盘涨到 3000 点后,投资风险大于收益,无论是股票还是基金都不是投资的好时机。

表 4-1 开放式基金与股票投资方式的区别

投资方式	投资方式的区别			
开放式基金	间接投资	基金价格由其价值决定	可以随时赎回	低风险、低收益
股票	直接投资	股票价格受市场供求影响	不能从公司收回投资,只能在市场上变现	高风险、高收益

有一种基金是货币市场基金,它是介于银行存款和其他各种证券投资基金之间的一种理财工具,具有高安全性、高流动性和高稳定性,在国外被称为准储蓄,收益率较低。其风险主要来自两个方面:通货膨胀风险和巨额赎回风险。它与银行储蓄是有差别的,银行储蓄利率固定,而货币市场基金随每天市场利率变化,每日收益不同。对于股民而言,在股市低迷的时候,可以持有货币基金规避风险和获得稳定收益;当股市转好时,则可迅速转换为股票型基金,享受牛市的超额回报。这种转换功能是银行存款所不能提供的。

债券基金与单一债券的区别:债券基金的收益不如债券的利息固定;债券基金没有确定的到期日;债券基金的收益率比买入并持有到期的单个债券的收益率更难预测;投资风险不同,债券基金的投资风险主要来自于利率风险、信用风险、提前赎回风险以及通货膨胀风险。

第二节　基金投资理财实务

一、如何买卖基金

(一) 基金的购买渠道

购买基金主要有三种渠道:银行、证券公司和基金公司直销中心。

目前,很多人买基金都是通过银行来购买的,一方面是因为大多数投资者只知道银行这一种渠道可以买到基金;另一方面是因为银行的声誉好,值得信赖。投资者可以去银行柜台购买,也可以通过网上银行办理,像中国建设银行、中国工商银行等都代售基金。通过银行购买基金的优点是银行的影响范围大,随处都可以找到银行办理,并且存取款方便。缺点是银行的工作人员对基金缺乏专业性了解,不能给以准确、全面的介绍和指导;基金公司很多,基金的种类也很多,但是银行通常只代销十几种基金,品种不完全,例如,中国建设银行只代销国泰、博时、华夏等基金公司的基金,使得投资者没有全面选择的余地;不同银行代售的同家基金公司基金也不同,投资者要想买多支基金就不得不去不同的银行办理。

去证券公司购买基金是个很好的选择。尤其是对于股民来说,已经在证券公司开设了账户,要想购买基金,只需到证券公司签署一个网上基金交易协议,就可以通过证券网上交易系统购买其代理的开放式基金。例如,对于在河北省秦皇岛的投资者来说,可以去银河证券办理账户,通过银河证券的双子星软件,不仅能进行买卖操作,还可以时时看到诸如基金单位净值、累计净值、10日涨跌幅、30日涨跌幅等基金的变动情况,非常方便。通过证券公司买基金的优点是:可以通过一个账户实现多重投资产品的管理;证券公司代理的品种比较齐全,有更大的选择余地;由于其工作人员比较了解股票,能够更确切地了解基金的走势,在投资者购买时可给以更专业的建议。缺点是证券公司的网点比较少,交易不方便。

通过基金公司直销中心购买有两种方式:柜台直销和网上直销。柜台直销主要针对大客户,不适宜中小投资者。不过,每个基金公司都建有自己的功能完备的网站,并且大都开通了网上直销业务。例如,华夏基金开通的"e网通华夏"是华夏基金的一站式基金电子商务平台,集基金交易、基金查询、账户管理和资金支付等多项功能于一体,使投资者能够享受省时、省钱和省力的服务。通过网络直销购买基金的优点是:网上交易不受时间、地域限制,只要能上互联网,即可实现全天候24小时的基金网上交易;网上交易客户只需轻松点击鼠标,即可完成开户、交易(认购、申购、赎回和转换)和查询等所有操作,不仅简化了交易手续,也实现了资金交易的便捷、快速和及时;可以购买该公司旗下的所有基金,品种齐备。缺点是:需要投资者有电脑等设备并具有操作能力;假如购买不同公司的基金需要在不同基金公司的网上交易系统操作,比较麻烦。

(二)基金的开户

投资者在参与开放式基金认购、申购、赎回等业务之前必须到基金公司的销售机构,即以上所讲的三种渠道中的任一个去申请开立基金账户。

基金账户是基金管理公司识别投资者的标志,是注册登记中心为投资者开立的、用于记载投资者持有的基金份额余额及其变更信息的账户。对某一基金管理公司而言,每个投资者只能申请开立一个基金账户,基金账户由注册登记人集中确认发放。销售机构 T 日受理投资者开立基金账户的申请,注册登记中心 T+1 日提供投资者的基金账户号,投资者可于 T+2 日在销售机构查询基金账户开户是否成功(T 为申请交易日),投资者开立基金账户的同时可以获得销售机构发放的交易账号卡。

各销售机构在受理投资者开立基金账户的申请时,会要求投资者向销售机构提交开户申请表和如下资料。

1. 个人投资者

(1) 本人有效身份证件(身份证、军官证、士兵证和护照等)的原件及复印件。

(2) 预留印鉴卡。

(3) 填妥的业务申请表。

(4) 指定银行账户的证明文件及复印件。

(5) 代办人有效身份证件原件及复印件和本人的授权委托书(如非本人亲自办理)。

2. 机构投资者

(1) 加盖单位公章的企业法人营业执照复印件及有效的副本原件,企事业单位、社会团体或其他组织提供民政部门或主管部门颁发的注册登记证书原件及加盖单位公章的复印件。

(2) 法定代表人授权委托书。

(3) 法定代表人身份证复印件。

(4) 业务经办人身份证件原件及复印件。

(5) 预留印鉴卡。

(6) 填妥的业务申请表。

(7) 指定银行账户的证明文件及复印件。

除了开立基金账户,投资者还要开设资金账户。资金账户是投资者在基金销售机构开立的用于认购、申购和赎回等基金业务的结算账户。

当基金账户不处于"销户"或"冻结"状态时,投资者可以提出基金账户资料变更申请,T+2 日投资者可在受理信息变更的销售机构查询信息变更的结果。基金投资者还可以通过原销售机构或客户服务中心,查询开户资料、持有基金份额和基金份额变更及其他相关业务信息。

(三)基金的认购、申购、赎回

认购是在基金募集期内,投资者申请购买基金单位的行为。投资者在募集期内可以多次认购基金份额,已经正式受理的认购申请不能撤销;对于认购申请,投资者应及时在申请后的第二个工作日查询确认申请成功还是失败,并在基金认购期结束、基金正式宣告成立后,及时通过电话或网上查询确认认购的份额。

申购是投资者在开放式基金成立之后购买基金单位的行为,投资者也可以多次申购。在如下情况下,基金管理人可以拒绝或暂停接受投资者的申购申请:① 不可抗力。② 证券交易场所交易时间非正常停市。③ 基金资产规模过大,使基金管理人无法找到合适的投资品种,或可能对基金业绩产生负面影响,损害现有基金持有人的利益。④ 基金管理人、基金托管人、基金销售人或注册登记人的技术保障或人员支持等不充分。⑤ 法律、法规、规章规定或经中国证监会认定的其他情形。

赎回是指基金持有人按基金契约规定的条件,要求从基金管理人处购回基金单位的行为。在如下情况下,基金管理人可以拒绝或暂停接受投资者的赎回申请:① 不可抗力。② 证券交易场所交易时间非正常停市。③ 连续2个开放日发生巨额赎回。④ 法律、法规、规章规定或经中国证监会认定的其他情形。

二、基金投资方法

随着基金市场日益红火,买基金的人越来越多。很多人见面后都会问一句:"买基金了吗?"大有点全民炒基金的味道。但是,事实上很多基民投资基金后,并不懂得如何利用基金赚钱,不了解基金投资的误区、风险和运作等知识。其实,买基金和买股票一样,都有一定的投资方法和技巧,需要投资者进行研究。

(一)基金投资存在的误区

1. 暴富和贪财心理

很多人买基金和买股票一样都存在一夜暴富的心理,还有的投资者为了赚大钱,不惜把自己买房子的钱、养老的钱都投了进来,这种心态是很不正确的。无论是买股票还是基金,投资者都应该把它看作是一种投资,既然是投资,就会有成功有失败,就会有风险,所以在投资基金之前一定要认清楚这个事实,调整好自己的心态。

2. 买基金稳赚不赔

买基金稳赚不赔,这是对基金风险认识不足的问题。只要是投资就会存在风险,这种风险来源于投资品种自身,也来源于操作者个人。

3. 基金有贵贱之分

有人认为基金有贵贱之分,新基金便宜,老基金贵。其实不然,基金只有收益高低之分,投资者购买的是基金投资价值,而不是价格。

4. 基金分红越多越好

基金分红应该是择机为之,不是越多越好;也不是不分红就一定好。对于十分看好并且打算长期持有的基金,就应该选择红利再投资,可以扩大资本并节省申购费;对于想赎回的基金可以选择现金分红,碰上大比例分红可以节省一笔赎回费。而且开放式基金只有在看淡后市的情况下,才需要进行高额分红。有些基金进行高额分红,实现了扩大自身规模的目的,但却减少了老持有人的收益,是一种与基金公司的诚信背道而驰的行为。

5. 在银行买基金最放心

基金的销售渠道很多,使用其他渠道购买也能得到专业、全面的服务。

6. 基金数目过多

很多基民为了赚到钱,购买了很多支基金,没有一个核心的组合,数目过多,有的基金表现过好或过差;或是持有同种特征的基金,没有进行良好的选择,不能对冲风险。

7. 盲目赎回

许多人在净值涨了以后就赎回基金,造成另外一些人跟随赎回,认为他人赎回会造成净值下跌,造成自己的损失。

8. 频繁申购和赎回

基金是一种长期投资的工具,频繁买卖,做波段式炒作,只会增加投资者的手续费。

(二)基金投资注意事项

(1)在股市震荡的情况下,投资者应投资一些较为稳健的基金品种,或是进行分散投资,形成一种投资组合,不宜大量持有进攻型基金,免受损失。

(2)基金投资者应在投资前进行一些相关的了解,投资后应多了解一些基础知识,不断增强自己投资分析的能力,不应认为既然有专家理财,就不管不问。

(3)对基金投资应有足够的耐心,坚持长期持有。

(4)选基金,实际上选的是背后的基金公司、基金经理、整个团队,所以应根据以往的业绩表现,选择优秀的基金品种。

(5)了解自己真正的投资需要,正确看待风险,建立合理预期。

(6)无论买卖何种基金,都不要轻信他人之言,要自己认真分析,作出判断。

(7)不要把净值高低作为选择基金的唯一标准。

(8)不要使核心组合与非核心组合失衡。

(三)开放式基金

1. 基金投资思路

投资者进行投资就是为了获得收益,所以对于想进入市场的投资者来说,一定要选择适当的时机进入;如果时机不对,即使进入了也赚不了钱。一般来说,基金公司会尽可能选择在股市好时发行新基金,因为这时基金赚钱的效应是很明显的,利于基金的销售。但这就给投资者造成了误区,股市火热时发行的基金往往买在高位,假如股市突然下跌,基金公司就要被套牢一段时间了;市场跌到谷底时,很多投资者不愿意买基金,这时基金会推出一些优惠政策,如果此时购买反而更有利。因此,如果时机不对,投资者不要进行基金投资,可以利用其他工具来理财。有位理财人士说过,无论是基金还是股票,对于投资者来说,不懂不做,不熟不做。所以投资者进行投资还是要多少有些了解才更合适,不能将其束之高阁,不管不问。

虽然基金本身就具有分散风险的能力,但是投资者依旧不能掉以轻心。分散投资基金风险最实际的办法就是合理进行投资组合,如配置不同类型、比例的基金产品。

投资基金毕竟是和投资股票不同的,手续费相对较高,投资者不适宜沿用股票那种高抛低吸、波段操作、短线进出的投资思路,不宜过度频繁买卖。投资者应该确定明确的投资目标,集中持有几种基金,形成一个均衡的核心组合。

2. 如何选基金公司

选基金的根本是选基金管理公司。只有把钱交给值得信赖的基金管理公司,人们才会放心,也才能获得满意的回报。选基金管理公司时有很多因素都可以作为参考标准,如股东的实力和支持程度、投资团队的能力和经验、风险控制能力、客户服务的水准、公司的历史业绩、基金经理的经验和能力、市场评估、持续赢利能力等。简单地说，一是要选择有诚信、稳健的企业品格的公司；二是要选择有专业优势、可靠的投资能力的公司。基金公司如果不具备明显的专业优势也就失去了其存在的意义，只有具备过硬的投资能力才能给投资者带来真正的收益。

3. 如何选基金

投资者在选择基金时，应根据自身条件选择适合自己的基金，充分考虑能承受的风险。挑选优秀的基金主要从以下方面进行考虑：基金历史业绩、存在的风险、基金规模、费率和周转比率等。

4. 如何买新基金

投资者面对如何选择新基金和老基金时可能会有些疑惑，其实两者各有千秋。新基金因为刚成立，基金经理可根据市场最新走势及投资热点来选择投资品种，在构建投资组合这方面比老基金更胜一筹；老基金由于仓位较高，投资者购买老基金后，马上可以分享到该基金的收益增长。

那么该如何购买新基金呢？可以从该基金的基金经理是否有较强的管理经验，该基金公司旗下的其他基金业绩是否优良，该基金公司的投资方向及风险，该基金的费用水平，以及是否注重投资人的利益等方面来考察是否要购买。

5. 如何根据年龄选基金

选择基金还跟投资者的性格和年龄有关。具有冒险性格的投资者会选择高收益、高风险的投资品种，而保守型的投资者会选择稳定的、低风险的品种，这是要根据个人偏好来定的。但是即使是同一性格的人，在不同的年龄段，面对不同的生活压力也可能会作出不同的选择，重要的是要根据自己的承受能力来投资。

（1）年轻人。年轻人没有什么负担，工作稳定，收入理想，追求高风险下的高收益，可以以股票型基金为主，建议积极型基金投 50%，适度积极型基金投 30%，储蓄替代型基金投 20%。

（2）中年人。中年人虽然工作稳步上升，但是来自于家庭的压力会很大，一般追求中等风险和可靠回报，建议积极型投 30%，适度积极型投 30%，稳健型投 20%，储蓄替代型投 20%。这种组合资产配置兼顾资产的中长期保值增值和收益的稳定性及可变现性。

（3）老年人。一些已经退休的老年人，追求在较低风险水平下实现资产保值增值，建议积极型 30%，稳健型 30%，储蓄替代型 40%。这一类组合，资产配置以低风险的债券基金和准货币市场基金为主，既可以取得平缓提供资产增值的可能，又可在利率下降时依靠储蓄型基金来锁定收益。

6. 节约成本法

想要节约投资成本可充分利用基金公司的优惠政策投资。一般基金公司为了吸引投资者会不断地推出优惠政策。基金公司为了使投资者长期持有基金，会采取后端收费模式，比前端收费模式更省钱；基金公司为了追求首发量，通常认购费率比申购费率低，投资者应看好某只基金后尽量在认购期购买；有些基金公司还会对于不同的申购方式采取不同的收费策略，通常各基金公司的网上直销交易都会有一定的优惠，甚至某些程序是免费的，比如博时基金曾规定通过中国工商银行网上银行购买博时精选股票基金，申购费可享受八折优惠；开放式基金还可以集体团购，使一次性购买基金的额度达到享受手续费优惠的金额，便有可能节省一大笔费用；为鼓励投资者继续投资，基金公司对红利再投资均不收取申购费，红利部分将按照红利派现日的每单位基金净值转化为基金份额，增加到投资人账户中，这种方式不但能节省再投资的申购费用，还可以发挥复利效应，从而提高基金投资的实际收益。

（四）封闭式基金

1. 投资期限

封闭式基金投资长、短期都适合。短期来说，可以坐享封闭式基金的分红及封闭式基金净值的增长。长期持有封闭式基金，到期封闭式基金折价率归零，投资者也可稳妥地享有高折价带来的隐含收益。如果采用短期投资策略，可以关注即将"封转开"以及将会有大规模分红的封闭式基金。如果采用长期投资策略，可关注高折价率及业绩可观的品牌基金，高折价率意味着较大幅度的套利空间。

2. 投资组合

择机建立封闭式基金的套期保值组合。封闭式基金大多选择绩优蓝筹股票投资，长期以来收益率都跑赢大盘。同时封闭式基金净值和沪深300指数有较高的相关性，适合作为套期保值的标的物。建立这个套利组合，首先必须选择正确的封闭式基金组合。为追求无风险套利，应尽量选择快要到期的封闭式基金。无论是选择快到期的封闭式基金，还是选择离到期日还很长的封闭式基金，都要选择高折价率的封闭式基金。封闭式基金套利的羊群效应会使得到期日还很长的封闭式基金也会出现一定程度的套利机会。由于封闭式基金是一种低风险的套利，为追求绝对套利收益的最大化，应尽量选择流动性比较高的封闭式基金。选择了满足条件的封闭式基金后，就可以建立封闭式基金组合。

3. 关注重仓股

关注基金重仓股的市场表现和股市未来发展趋势。因为封闭转开放以后，基金的价格将向其价值回归，基金的未来涨升空间将和基金重仓股的市场表现存在一定的关联，如果未来市场行情继续向好，基金重仓股涨势良好，会有带动基金净值继续增长的可能，使基金更具有投资价值。

4. 克服暴利思想

投资封闭式基金要克服暴利思想，如果基金出现快速上涨行情，要注意获利了结。

5. 其他考虑因素

选择一种基金进行长期投资，需要考虑很多因素，比如，"封转开"能否顺利进行、未来大盘的走势、基金净值的增长率、折价率、到期日、基金分红、基金持有人结构以及基金的投资风格等。

知识窗4-2　基金认购、申购有窍门

其实，在目前开放式基金日渐增多、基金运作水平良莠不齐的情况下，选择认购、申购方式是有很多窍门的。

1. 认购适合"白马"基金

买股票有"黑马"、"白马"之说，"白马"就是指已经明朗化的潜力股。由于认购基金有几个月的封闭期，这几个月几乎是没有运作收益的，并且走出封闭期之后，基金的运作水平如何还不得而知。所以，选择认购方式时，必须对所认购的基金进行深入的了解，包括基金的预期投资构成、

(续上)

> 基金公司的信誉、基金经理资历等。如果你认为这只基金是有潜力的"白马",这时可以大胆采用认购方式。另外,同样一只基金,认购和申购的费率是不一样的,基金公司为了追求首发量,规定的认购费率一般低于申购费率。例如,认购 5 万元某基金的费率为 1%,申购费率则为 1.8%,两者相差 0.8 个百分点。所以,单从节省手续费的角度考虑,看好某一只基金,应尽量选择在发行时认购。
>
>   2. 申购可以避免"踩雷"
>   现在有越来越多的人比较青睐以申购的方式来购买基金,因为采用认购方式,万一对基金把握不准,很可能会踩着"地雷",给自己的投资造成较大损失。而采用申购的方式,可以静观这只基金走出封闭期后的表现,如果基金净值出现下跌,连 1 元的基本净值都保不住,这时可以观望或选择其他更好的基金;如果这只基金的净值稳步上升,这时则可以考虑采用申购的方式进行投资,虽然手续费贵一些,但毕竟能尽量避免和化解投资风险。而且由于各基金的收益差距较大,综合衡量、优中选优的申购会更有利于提高投资收益。
>
>   3. "曲线"认购巧变申购
>   一旦采用认购或申购方式购买基金后,短期内不应赎回和置换,其中的重要障碍就是来回的赎回、申购费率较高,但目前各大基金公司为了吸引投资者,对本公司内各种基金的转换是有优惠的;另外,货币基金无论认购、申购还是赎回都免费,所以灵活利用好这两个资源,以"曲线"认购的方式来投资开放式基金可以达到方便置换、节省费用的目的。以某基金为例,按照基金公司的规定,该公司的货币基金可以转换为股票基金或平衡型基金,转换费率仅为 1%,而直接申购这两种基金,申购费率都在 1.5% 以上。因此,先用认购或申购的方式购买货币基金,然后再转换成你看好的股票基金或平衡型基金。这样,你花了认购的钱,却达到了申购基金的理财效果。
>
>   资料来源:《中国证券报》。

  (五)货币市场基金
  1. 购买货币市场基金首先要考虑的是安全性和流动性
  对于购买货币市场基金的安全性和流动性这一问题,主要从以下因素来衡量:① 基金规模的大小。若大量资金投资于规模太小的货币市场基金,显然难以保障其流动性,但也并非是基金的规模越大越好,因为一定时期内货币市场的容量是有限的,在遇到突发事件导致持有人出现共进退的情况时,市场容量以及单个基金管理能力的有限性,对超大规模的货币市场基金是存在影响的。② 基金份额变化趋势。基金份额持续上升的基金更容易保障原持有人投资的流动性。③ 放大投资的杠杆比例和组合的剩余期限。对这两个影响流动性的指标,投资者也应密切关注。

  2. 要对货币市场基金的收益进行评价
  在收益方面,主要是对货币市场基金公布的每万份收益进行客观的评价。在评价过程中,要注意已公布数据属于历史业绩,不能完全代表未来的收益情况。另外,投资者还应考虑管理人对突发因素的应变能力和预期能力,申购、赎回速度等方面。

  总之,投资基金毕竟是有风险的行为,投资者要有心理上的准备,要能够承受基金风险所带来的损失,以一种平常心来看待基金投资。

三、基金收益与分红

基金公司将基金用于投资后获得收益,基金收益在扣除相应的费用后被称为基金净收益,将基金净收益分配给投资者,称为基金分红。其中,基金收益所交的税收国家都给予优惠政策以扶持基金的良性发展。

基金收益包括三种类型:利息收入、股利收入和资本利得。基金的利息收入主要来自于银行存款和基金所投资的债券。基金的股利收入是指开放式基金通过在一级市场或二级市场购入,并持有各公司发行的股票,而从公司取得的一种收益。股利有两种形式,即现金股利与股票股利。现金股利是以现金的形式发放的;股票股利是按一定比例送给股东股票作为红利。资本利得是指股票或其他有价证券因卖出价高于买入价而获得的收入,是股票基金最主要的来源。

各个基金公司及不同的基金品种都有不同的基金收益分配原则和分配方案。通常基金收益有两种分配方式:分配现金和分配基金股份。

我国《证券基金投资管理办法》规定:基金收益分配应当采用现金方式。开放式基金的基金份额持有人,可以事先选择将所获分配的现金收益,按照基金合同有关基金份额申购的约定转为基金份额。基金份额持有人事先未作出选择的,基金管理人应当支付现金。封闭式基金的收益分配,每年不得少于一次,封闭式基金年度收益分配比例不得低于基金年度已实现收益的 90%。

分红后,基金净值会有一个突然下落的情况,但这并不意味着基金投资人的收益减少了,因为分红虽然使基金的净值下降,但是基金的累计净值依然是不变的,投资人的实际收益也是不变的。

第三节　基金投资的风险与防范

一、基金风险种类

证券投资基金优点在于规模经营、专家理财和风险分散,但是这并不意味着它就是无风险的金融工具。任何一种投资都会存在风险,基金不仅存在风险,而且还具有自身的特点。

风险是指预期收益的不确定性或波动性,不确定性越大,其风险越高。基金风险是指在一定的条件和一定的时期内,由于各种因素的影响,基金受益的不确定性造成基金资产损失,或基金持有人利益不能得到保护。

从整体上看,基金风险有系统风险和非系统风险。系统风险是由整体政治、经济和社会等能够影响整个市场的风险因素引起的,造成证券价格的变动。这部分风险无法被分散,即使投资者持有的投资组合在分散化方面做得很好,也必须承受系统风险。系统风险主要包括政府政策风险、利率风险、经济周期波动性风险和不可抗力等风险。

非系统风险是指某一公司或特定行业所特有的风险,是由个别基金的经营特点所造成的。通过分散投资,非系统风险可以被降低。也正是由于这个原因,证券最重要的风险是系统风险,投资者期望得到补偿的风险也是这种系统风险。具体来说,基金所面临的风险主要有以下方面。

(一) 财务风险

财务风险主要是由于投资公司的经营不善带来的风险。基金所投资的股票或债券,与所投资的各个企业的财务实力和经营获利能力息息相关。企业经营不善,会给投资带来风险,但是投资基金是由投资专家操作的,由于他们的专业知识和判断力,自然会选择风险小的行业和企业,再加上投资组合能使风险分散,基金投资与直接投资于这些市场的投资相比,在这方面的风险自然要低得多。

(二) 市场风险

市场风险是指基金净值或价格会因投资标的市场价格波动,而随之起伏所造成的投资损失。证券市场的价格波动频繁,很难预料,比如,股票市场、债券市场或货币市场等,在这种情况下,就存在损失资本的风险。

(三) 利率风险

利率风险是指金融市场利率的波动导致证券的市场价格和收益率的变动,从而给投资证券的基金带来损失的风险。利率变化会直接影响金融资产的价格,利率上升,会使资金流向发生变化,公司利润减少,会使股票价格与基金价格一起下跌,影响投资人的收益。

(四) 管理风险

管理风险是指基金管理人在基金的运作管理过程中造成的损害基金收益的风险。它包括基金经理人的能力风险、道德风险、系统故障风险、运行机制风险。基金投资属于一种间接投资方式,从委托代理理论来看,投资者与管理者之间形成了委托代理关系,由于信息不对称和缺乏投资人的监管等原因很容易造成委托人的道德缺失,出现违规操作。

(五) 购买力风险

购买力风险也称通货膨胀风险,是指通货膨胀的发生使基金投资于证券所获得的收益可能会被通货膨胀抵消,从而给基金资产的保值增值和收益带来风险。

(六) 汇率风险

汇率风险是指经济主体持有或运用外汇的经济活动中,因汇率变动而蒙受损失的可能性。

我们可以了解到,基金投资同样存在着各种各样的风险,对这些风险进行识别和监管,实行风险管理,是一件具有重要意义的事。

二、基金的风险防范

为了保护投资者的利益,促进我国基金业顺利发展,不仅要识别风险,进行风险管理,还要积极加强防范,规避风险。

(一) 开放式基金风险防范

针对开放式基金所存在的主要风险,结合我国开放式基金的发展现状以及国内外基金业风险管理的经验,得出以下风险防范措施。

1. 开放式基金管理人的道德风险防范

对于基金管理人道德风险的防范可从内部治理、外部治理和第三方治理这些方面来进行防范。

(1) 内部治理是按照公司法和公司章程的规定,分别设立权力机构、决策机构、执行机构和监督机构,形成各自独立、权责明确又相互制约的,被称为公司治理结构的制度安排来监督和约束经理人员的行为,并淘汰不称职的经理。具体包括:建立激励相容的共同风险合同;完善基金管理公司的治理结构,建立有效的激励机制,引入独立董事制度;建立基金行业协会,加强行业自律,在行业内部制定一些同行业共同遵守的规范和信誉评级制度,由行业协会定期或不定期对基金经理人进行检查和审核,一旦发现问题,立即进行全行业通报,这样既可使基金经理人的道德风险行为容易被发现,又可使基金经理人从事道德风险行为的成本提高。

(2) 外部治理是指通过产品市场、经理市场和股票市场的竞争压力来激励和约束经理。主要包括:建立和完善投资者的外部监督体系,通过投资者的"用脚投票"来实现对基金管理公司、基金经理人的监督,迫使基金管理公司、基金经理人不敢轻易作出损害投资者利益的行为,发挥市场对基金管理人的声誉约束职能。加强市场制度建设,与开放式基金有关的中国证券市场制度建设包括几点:丰富投资品种、建立做空机制和建立做市商制度。

(3) 第三方治理是通过法律和监管等第三方安排,介入基金投资者与基金管理人之间的交易过程,消除利益冲突和基金管理人的道德风险问题。主要有:完善开放式基金相关立法工作;规范基金制度,切实保证所有权、经营权、保管监督权三权分离原则的履行;放宽对基金行业的准入限制。

2. 开放式基金风险的法律对策

开放式基金风险的法律对策主要包括:加快建立和完善我国的基金法律监管体系,在我国已出台的《证券法》、《证券投资基金管理暂行办法》等法律的基础上,加快出台基金管理基本法及其配套法律规章制度;引进和完善独立董事制度,建立良好的基金公司运作的内控机制;引入民事赔偿机制,充分保护投资者的利益;完善信息披露制度,加强对基金管理的监督和投资者利益的保护。

3. 流动性风险的防范

流动性风险的防范主要包括:根据投资主体风险偏好的不同,设计个性化产品及赎回方式,调解基金的股本结构;平衡流动性和盈利性的关系;建立做空机制;积极培育和引导机构投资者;推行大宗交易,降低交易成本;推出股指期货等新兴的金融衍生工具,促进市场向纵深发展;引入做市商制度。

(二) 封闭式基金和货币市场基金风险防范

1. 封闭式基金的风险防范

封闭式基金的风险防范与开放式基金一样,同样存在基金经理人的道德风险防范和法律对策等措施,如强化独立董事的责任、提高独立董事的比重、强化基金托管人的监督责任等措施。除此之外,封闭式基金风险防范的一个重要措施是建立封转开机制,增强市场压力。

进入封转开时代后,封闭式基金的投资机会主要来自于两个方面:其一,是交易价格向单位净值回归。其二,是基金净值的增长。由于封转开后折价率自然消失,因此在基金逐渐接近存续期过程中,折价率将会不断减小,交易价格会逐步向净值回归,并且,随着股指期货等金融创新的推出,市场对封闭式基金投资机会的认识逐步深化,折价率缩小的速度将会加快,这使得投资者存在套利机会。股指期货对于封闭式基金折价率的影响主要体现在机构投资者可以利用封闭式基金与股指期货进行套期保值,将折价率转化为无风险收益率。

封闭式基金转为开放式基金可能会遇到很多问题,如投资风格转换问题、赎回风险问题等。因此,在封转开的过程中,要为封转开创造技术条件,进一步加强银证合作,坚持市场化原则,遵循逐步转型原则。

2. 货币市场基金的风险防范

货币市场基金同样需要从管理、道德、法律层面进行对风险的防范。除此之外,对货币市场基金风险的防范还需逐步完善货币市场,丰富货币市场工具。例如,应当打破银行间市场与交易所市场的分割局面,允许更多的资产质量良好、具有一定资信的证券公司、信托公司、财务公司、基金公司以及大企业进入货币市场,以进一步壮大货币市场交易主体,活跃市场交易;逐步打破货币市场各个子市场的界限,促进银行间债券市场与证券交易所债券市场的连接,形成全国统一的债券市场,同时,引入货币市场经纪商,促进货币市场流动性的提高;完善货币市场登记结算系统的建设。

3. 经验总结

通过对基金风险种类和具体基金风险的介绍,对不同基金风险防范的经验总结如下:

(1) 加强立法工作,加快建立和完善基金法律监管体系,从法律层面防范风险的发生。

(2) 加强管理工作,尤其是加强基金经理人的道德观念和业务水平,强调基金托管人的监督责任,以确保基金的安全和投资者的利益。

(3) 对于投资者来说,要合理利用避险工具和政策,选择合适的投资方向。有必要根据经济周期选择开放式基金的投资种类,如在成长期利率上升,适合投资成长型股票基金;在经济高峰期,利率稳定,适合投资价值型股票基金;在经济衰退期,利率下降,适合投资债券型基金;并且采取不同的投资组合,分散风险。如基金不适宜持有同一行业的股票,在投资时间和地域上分散开来,把投资分为保护性投资和进取性投资等。

复习思考题

一、单选题

1. 证券投资基金运作中的三方当事人一般是指基金的(　　)。
   A. 发起人、管理人和投资人　　　　B. 管理人、托管人和投资人
   C. 托管人、发起人和投资人　　　　D. 受益人、管理人和投资人
2. 在我国,基金托管人可由(　　)来担任。
   A. 保险公司　　B. 证券公司　　C. 信托投资公司　　D. 商业银行
3. 根据组织形态的不同,基金可分为(　　)。
   A. 公司型基金和契约型基金　　　　B. 开放式基金与封闭式基金
   C. 契约型基金与公司型基金　　　　D. 收入型基金和平衡型基金
4. 适合保守的投资者选择的基金是(　　)。
   A. 成长型基金　　B. 收入型基金　　C. 平衡型基金　　D. 股票基金
5. 投资人可以通过基金账户买卖(　　)。
   A. 封闭式基金　　B. A股　　C. B股　　D. 债券

二、多选题

1. 下列关于封闭式基金募集的陈述中,不正确的有(　　)
   A. 封闭式基金的规模是固定的　　B. 商业银行代销
   C. 募集是一次性的　　D. 交易所进行买卖
2. 购买基金的渠道有(　　)。
   A. 银行　　B. 证券公司　　C. 基金公司　　D. 证券交易所
3. 系统风险主要包括(　　)。
   A. 政策风险　　B. 利率风险
   C. 经济周期波动性风险　　D. 不可抗力风险

三、判断题

1. 基金公司通过发行基金单位,将筹集到的资金可以投资于股票、债券市场。(　　)
2. LOF基金可以在银行网点买到,但不能在证券交易所买卖。(　　)
3. 股票、债券和基金的投资风险和收益程度相比较,股票的收益不确定,风险较大;基金的收益相对稳定,风险相对较低;债券的收益相对确定,风险最小。(　　)
4. 证券投资基金的管理者是基金的实际所有者。(　　)
5. 证券投资基金是一种直接投资工具。(　　)
6. 在我国,基金管理人只能由依法设立的基金管理公司担任。(　　)
7. 基金分配只能采用现金方式。(　　)
8. 通过分散投资降低非系统风险。(　　)

四、简答题

1. 简述证券投资基金的概念、特点。
2. 基金定投有哪些优点?适合哪些人群进行投资?
3. 利用网络资源,查找我国基金管理公司,说出3~4家基金管理公司。
4. 简述个人投资者的基金开户流程。
5. 投资基金的风险有哪些?

第五章

债券投资理财

学习要点

【知识目标】 通过本章学习,了解债券投资的含义、特征、分类等基础知识;掌握债券投资的原则、方法及操作要点;熟悉各类债券投资的风险及风险防范。

【技能目标】 能够针对客户实际情况提供适合的债券理财建议。

在生活中,借钱这样的事情你肯定遇到过。无论谁向谁借,借款数目多少,借款时间长短,都有一个共同的特点,即借出者与借入者一样是两个非常熟悉的人;否则,借钱将成为一件十分困难的事。因为如果两个人互相不熟悉,借出者就会担心他借出去的钱无法收回。这其中牵涉借钱者信用的问题。只有熟悉的人才能了解彼此的信用状况。但作为公司或企业,如何向社会上陌生的群体借到钱呢?除了借钱者要向社会介绍自己的信用状况外,还要向借给其钱的人出具一个证明,以便其在借款到期时凭此证明向借钱者索回本息。这种证明就是债券。那么债券包括了哪些内容?它有哪些特征与类型?债券如何获得收益?这些问题将在本章中详细介绍。

第一节 债券的基础知识

一、债券的含义及券面内容

(一)债券的含义

债券是发行者依照法定程序发行,并约定在一定期限内还本付息的有价证券,是表明筹资者与投资者之间债权债务关系的书面债务凭证。

通常,要使一张书面债务凭证成为债券,必须同时具备以下三个条件:

(1)必须可以按照同一权益和同一票面记载事项,同时向众多的投资者发行。

(2)必须承诺在一定期限内偿还本金并定期支付利息。

(3)在国家金融政策允许的情况下,能按债券持有人的需要自由转让。

债券和股票一起构成证券市场的基本金融工具和投资对象。对于发行者来说,发行债券的目的在于筹措资金,其结果则是形成一定时间内的债务。对于投资者来说,购买债券是为了获得让渡资金使用权的报酬,即债券利息,其结果是形成对债券发行者的债权。当然,投资者也可以在交易市场上买卖已发行的二手债券,以获取买卖差价利润。

债券的发行始于12世纪末期的威尼斯共和国。18世纪后,欧美资本主义国家经济迅速发展,并纷纷发行债券为其政治、经济活动筹集资金。到了19世纪末,公司制的企业大量出现,这些企业开始大量利用债券来筹资。至今,全世界所有的国家、大部分公司及许多地方政府都发行债券,债券已经成为重要的筹资手段。

(二)债券的券面内容

债券的券面内容是指在正常条件下所有债券都必须明确记载的事项,主要包括以下内容:

1. 发行单位的名称

债券券面应该明确记载发行单位的名称。发行单位的名称须写全称,以便投资者了解发行单位的状况;同时,也能起到区别不同债券的作用。

2. 发行单位的地址

除众所周知的单位外,其他单位发行的债券都应明确记载发行单位住所地址,以便于投资者与发行者之间进行联系和核实。

3. 债券的票面金额

债券的券面金额代表投资者购买债券的本金数额,它是到期偿还本金和计算利息的基本依据。因此,债券券面都必须载明券面金额;否则,债权人的权益将无法得到保障。

不同的票面金额,可以对债券的发行成本、发行数额和持有者的分布产生不同影响。如果票面金额较小,就会促进小额投资者购买,但可能增加发行费用,加大发行的工作量;如果票面金额较大,债券则会更多地被大额投资者持有,降低发行费用,减少发行工作量,但可能会缩小发行对象范围,减少债券的发行量。

4. 债券的券面利率和计息方法

不同的债券有不同的券面利率和计息方法,它直接影响到投资者的利益,因此,债券应明确记载其券面利息和计息方法。

5. 利息的支付方式

利息的支付方式也直接影响到投资者的利益,因此债券券面也应载明其利息的支付方式。

6. 还本付息的期限和还本方式

债券券面应明确记载其还本期限和还本方式,这将直接决定债券的名义利息额,对投资者利益有重大影响。

7. 债券的发行日期

债券的发行日期是确定其计息时间的基础,是影响投资者权益的重要因素。因此,债券券面必须载明其发行日期。

8. 发行单位的印记

发行单位的印记是证明债券发行者的重要依据,因此,任何债券必须载明发行单位的印记。

9. 债券号码

债券券面应载明其发行序号,即债券号码。

以上是债券的基本记载事项。除此之外,债券发行机关还应根据具体情况在券面上记载其他一些需要明确的有关事项。

二、债券的特征

债券作为一种资本证券,与股票一样,也是一种虚拟资本,是经济运行中实际运用的真实资本的证书。一般来说,债券具有如下特征。

(一) 收益性

债券的投资收益性主要表现在两个方面:一是投资者在持有期内根据规定,取得一定的利息收入,这也是债券投资收益的基本来源;二是投资者通过在市场上买卖债券获得差价收益,不过,与股票相比,债券对这一收益渠道的利用程度要低得多。

(二) 偿还性

债券是债权的代表,在债券的偿还期限内,债权人只是将资金借给发行单位使用,无权过问发行单位的经营状况。发行单位的财务状况也与债权无关,无论其财务状况如何,债权人都只能获得固定利息。因此,债权人和债券发行人之间只是一种借贷关系,而借贷关系是有期限的,到期必须偿还。

债券的偿还期限是指从发行之日起到清偿本息之日止的时间。债券偿还期限的长短,主要取决于以下几个因素。

1. 债务人对资金需求的时限

足够的偿还期限除可保证债务人的资金使用需要外,还有利于债务人在规定的时间内,取得相应的资金作为偿还的来源。这既可以维护发行者的信誉,也便于发行者从容调配使用资金。

2. 未来市场利率的变化趋势

一般来说,如果市场利率趋于下降,则债务人会倾向于多发行短期债券;如果市场利率趋于上升,则债务人会倾向于多发行长期债券。这样可以减少因市场利率变化而引起的筹资成本升高的风险。

3. 证券交易市场的发达程度

如果交易市场发达,债券变现力强,购买长期债券的投资者就多,发行长期债券就会有销路;反之,如果交易市场不发达,债券不能自由变现,投资者便会倾向于短期债券,长期债券就难有销路。

4. 债券的利率

债券利率是债券投资者的基本收益形式。债券利率与偿还期限通常呈同向变化关系,即利率高,则债券期限可以较长;反之,利率低,债券期限也只能较短。

(三) 流通性

与股票一样,作为一种特殊商品,债券也可以在市场上进行公开的流通交易,随时转让以变现。债券的流通变现性,是吸引投资者让渡资金使用权、有效地实施债券发行的必要条件。

(四) 价格稳定性

债券作为一种可交易的特殊商品,特别是作为投资对象,其价格自然也可以变动。但与其他金融投资对象不同的是,债券的市场交易价格变动幅度通常较小。类似股票价格大起大落的现象,通常在债券交易中很少,甚至是不可能出现的。这主要是由于债券一般有以法律作为保证的固定利率,其利息通常是可以保证支付的,其收益可以作准确预期,从而消除了价格大幅度波动的导因。价格变动的低弹性,使得债券成为许多稳健投资者首选的金融投资对象。

(五)债权人的广泛性

债券的发行形成的是一定的债务关系。从这个意义上说,它也是一种信用方式。但与银行借款等信用方式不同的是,债券持有人在数量上是很多的,即每一种债券都是面向广泛的投资者发行的。对于发行者来说,债券发行可以形成大量的债权人,而其他信用方式,如企业向银行贷款,形成的债权人仅仅是个别银行。债权人的广泛性,使得筹资者可以在更大的范围和空间吸收到社会闲散资金;而从宏观角度上说,债券发行作为筹资范围极广泛的方式被普遍采用,也可以起到更充分地动员社会资金的作用。

三、债券与股票的区别

(一)投资收益的稳定性与获取渠道不同

如前所述,股票收益是不稳定的,因而股票投资者通过公司盈利分配获得投资回报并不可靠,回报率也难以准确测度。但正是由于股票收益水平不固定,只要公司经营业绩很好,盈利分配就可能达到相当高的水平,即投资者在投资股票时,有可能获得投资任何债券均无法比拟的高额利润。同时,由于股票价格受多种因素的影响,波动频繁且幅度较大,因而在市场上进行股票买卖,赚取差价利润的机会也较多。这就使得股票的投资收益更多地体现在市场上买进或卖出所获得的差价收益上。相比之下,债券收益则较有保障,收益水平稳定且可以较为准确地把握。同时,由于债券的利息收益是固定的,其价格波动幅度较小,故其收益的实现虽然也可以通过市场买卖达到,但更多地还是表现为发行者支付的利息。

(二)投资风险不同

从投资者承担的风险来看,无疑股票投资的风险要远远大于债券投资。所谓投资风险,即投资行为不能达到预期收益目的的可能性。投资风险总是与投资收益直接相关的。不能稳定地获得收益,本身就意味着投资失败的可能性更大。对于股票投资者来说,从公司获得必要的回报,原本就是缺乏保障的;在市场上买卖股票也未必能保证获取差价利润。既然这两种基本的收益途径都是不可靠的,投资失败的概率当然也相当高。而债券投资虽然不可能获得暴利,却是相当可靠的。除了恶性通货膨胀、战争、自然灾害和未提供担保的债券发行企业破产等意外原因外,收益的获得一般不成问题。在市场上提前转让债券,即使可能在利息上受到一些损失,其程度也是较低的。收益特征的不同,决定了股票的投资更适合于那些敢于冒险的投资者,而债券投资则更适合于性格稳健的投资者。

(三)操作技术难度不同

股票投资由于风险较大,收益更多地通过在市场上的买卖操作来实现,同时这类操作涉及各种决策和诸多环节,因而其能否获得成功,很大程度上取决于投资者操作的技术水平。投资者要增加成功的把握,就必须更多地掌握股票投资及与其相关的知识与信息,具有较强的投资分析能力,进行更为审慎、严密的决策,因而技术难度较大。而债券投资风险较小,收益的实现主要靠利息收入,投资者可能完全不需要市场操作,即使进行市场操作,所需的环节和决策过程也简单得多,因而其技术难度远远小于股票投资。

(四)投机性强弱不同

由于任何股票发行公司都不能确保向投资者支付股息,因而投资者往往要在市场上买进卖出股票,以赚取差价利润作为获取收益的主要手段,这本身决定了股票的流动性较强。股票的价格变化幅度较大,且速度快,抓住时机进行操作,就可能获得十分可观的利润。因此,股票已逐渐成为最重要的金融投机对象。相比之下,债券的收益较为固定,其投资者选择债券,往往是出于稳健的考虑,购买债券后大多都不再中途进入市场转让。即便转让,由于债券价格不会大起大落,投资者也不太可能获得高额的差价利润,因而其作为投机工具远不如股票理想。正因为如此,证券投机更多地体现为股票投机。

(五)投资对象的可选择范围不同

由于股票投资成功涉及的因素很多,不同的公司情况千差万别,因此每一个品牌的股票,在收益回报水平和投资风险上的差别都是很大的。股票投资者能否获得成功,很大程度上取决于对股票的选择是否明智。可以说市场上有多少种股票就可以有多少种效应完全不同的选择,即股票投资对象选择时要考虑的因素更多,选择的范围很宽。而债券虽然品种较多,但不同的债券在收益和风险的差别上远远小于股票,至少同一类债券的利息水平不会有明显的差距。事实上,投资者在选择债券为投资对象时要着重考虑的因素,无非是利率和期限等少数几个指标,其选择的范围相对狭窄。

四、债券的分类

债券是一种重要的筹资工具。由于其的发行不受发行单位经济性质的限制,债券可以更加灵活地适应投资者的各种需求。

(一)按发行主体分类

债券按发行主体,可分为政府债券、金融债券和公司债券三大类。

1. 政府债券

政府债券也称公债,即由一国或一地区政府发行的债券。政府债券的发行目的,主要是满足政府履行其职能的开支需要,或弥补财政赤字、偿还到期债务。政府债券的特征:一是信用保障程度比较高,一般可以保证按期还本付息。在国外,人们把政府债券称作"无风险债券"、"金边债券"。二是利率水平通常较其他种类债券低,这也主要是由其投资风险较低的特征决定的。

由于政府本身存在着不同的层级,因而政府债券通常可以按照发行层级再具体分为以下三类:

(1)中央政府债券。中央政府债券也称国家债券(简称国债),即中央政府作为发行主体发行的债券。从新中国成立至今,我国已发行的国债种类有人民胜利折实公债、国家经济建设公债、国库券、国家重点建设债券、国家建设债券、财政债券、保值债券、基本建设债券和转换债券等。其中,国库券是发行量最大的中央政府债券。

(2)地方政府债券。地方政府债券也称市政债券,即由各级地方作为发行主体发行的债券。其也称为市政债券,是因为在市场经济条件下,地方政府发行债券的目的主要是为地方的市政建设,如交通、通信、住宅、教育、医院和污水处理系统等筹措资金。地方政府债券在我国尚不多见,在其他国家,尤其是美国数量很多。

(3)政府机构债券。政府机构债券是从国外引入的一种政府债券范畴,也称国营特殊法人债券,是指承担公益事业的政府公司或政府金融机构发行的债券。这类债券也以政府为信用后盾,由政府为还本付息进行担保。

2. 金融债券

金融债券即由金融机构发行的债券。它又可以按利息支付的不同形式,具体区分为贴息金融债券和付息金融债券两类。

(1) 贴息金融债券。贴息金融债券也称贴水金融债券、贴现金融债券,是指以低于票面金额的价格发行,到期后按票面金额偿还的金融债券。例如,债券面额为100元,发行时投资者可能只需支付75元,3年到期后,偿还金额与票面金额相同,即为100元。这里发行价格(购买价格)与票面金额(偿还价格)的差额为25元,即为3年的利息和。一般而言,贴息金融债券的持有人在债券到期前不再另外获得利息。

(2) 付息金融债券。付息金融债券是指按票面金额发行,另由发行者按一定年利率在债券有效期内分次或到期后一次性支付给持有人利息的金融债券。这也是最常见的金融债券。付息金融债券还可以进一步按照利率是否随时间累进提高再分为固定利率金融债券和累进利率金融债券。前者在债券有效期内各年的利率保持不变,后者则在债券有效期内逐年递增利率水平。例如,某银行于2005年发行5年期付息金融债券,若其第一年利率为10%,第二年升至11%,第三年升至12%,到第五年(2009年)升至14%,即属利率每年递增1%的累进付息金融债券。

3. 公司债券

公司债券即各种公司制企业发行的债券。在我国现阶段,由于某些尚未实施公司制的企业经批准也可以发行债券,故也可称为企业债券。公司债券的发行主要用于满足企业的长期投资需要,因而,期限大多较长。

对于一个企业来说,会由于种种原因而需要筹措资金,包括新建项目、一般业务发展、购并其他企业或弥补亏损。当企业的自有资金不能完全满足企业的资金需求时,就需要向外部筹资。企业向外部筹资主要有三个途径:发行股票、对外借款和发行债券。从企业角度看,发行股票对企业要求较高,有特定的企业组织形式限制,同时发行成本也较高,对二级市场也有一定的要求;而向金融机构借款,获得的资金一般期限较短,债务条件主要由金融机构决定,资金的使用要受到债权人的干预,有时还有一定的附加条件。采用发行债券的方式则成本较低,对市场要求也低,同时筹集的资金期限长、数量大、资金使用自由,弥补了股票和借款方式筹资的不足,因此发行债券是许多公司偏好的一种筹资方式。但对投资者来说,由于企业本身的生产经营效益受市场竞争的制约,存在着突出的不确定性,其债券的信用保障水平相对政府债券和金融债券较低,故风险较高。也正因为如此,公司债券的利率水平较之政府债券、金融债券通常更高。

公司债券的种类较多,一般可依据持有者享有的权益差别分为所得公司债券、参加公司债券、非参加公司债券、附新股认购权公司债券、可转换公司债券和不可转换公司债券等。

(1) 所得公司债券。它是一种出现时间不长的特殊公司债券。这种债券的持有人是否获得利息及利息支付数量的多少,主要随公司经营状况和盈利水平而定。在性质上,它与普通股已十分相近,所不同的是作为债券,其持有人到期时要收回本金。

(2) 参加公司债券。它也是一种特殊的公司债券,是指持有人除了按规定利率获得利息收入外,还可以在一定程度上参与额外的公司盈利分配的公司债券。就其收益特征看,与参加优先股相当近似,所不同的是它也有到期日,持有人届时可收回本金。这种公司债券也称分息公司债券。

(3)非参加公司债券。即典型意义上的公司债券,是指持有人只能得到事先规定的利息,而不能再参与公司其他盈利分配的公司债券。绝大多数公司债券均属此类。

(4)附新股认购权公司债券。它是指同时附加有公司新股发行时可优先以优惠条件认购权力的公司债券。这种债券近年来在美国较多见,一般是由股票市场形象较好的公司发行的。

(5)可转换公司债券。它是指持有人可按约定条件将其兑换成同一发行公司普通股的公司债券。公司在发行这种债券时便作出规定,经过规定的持有时间或在公司股票发行后,投资者可按一定比率将其兑换成该公司的普通股,事实上,这是债券与股票的一种混合体。在转换实施前,它是债券,持有人为公司债权人;当转换发生后,它便成为股票,持有人也相应地转变为公司普通股股东。无疑这种债券对投资者是很有吸引力的,因为它身兼二任,为投资者实现其收益目标提供了较大的选择余地。当投资者采取审慎的投资策略时,它作为债券可以使投资者获得较稳定的收益;当公司经营状况良好,股息分配和市场价格水平较高时,投资者又可以迅即将其转换成股票,及时获得增加的盈利分配和市场收益。转换公司债券一般只能在注册资本尚未募足时发行,发行时也不作担保。由于它很容易转换成公司普通股,其市场流通价格与公司普通股票价格在涨跌趋势上也基本一致。不过,这种公司债券的利率往往较低。

(6)不可转换公司债券。它是指始终保持债券形态,不能兑换为同一公司普通股票的公司债券。一般的公司债券均属此类。

(二)按偿还期限分类

按照期限的长短,可将债券分为短期债券、中期债券、长期债券和永久国家债券。各国对短、中、长期债券的划分不完全相同。一般标准是:期限在1年或1年以下的为短期债券;期限在1年以上、10年以下(包括10年)的为中期债券;期限在10年以上的为长期债券。永久债券也叫无期债券,它并不规定到期期限,持有人也不能要求偿还本金,但可以按期取得利息。永久债券一般仅限于政府债券,而且是在不得已的情况下采用。

(三)按利息的支付方式分类

根据利息支付方式的不同,可将债券分为附息债券和贴现债券两类。

1. 附息债券

附息债券是指债券券面上附有各种息票的债券。息票上标明利息额、支付利息的期限和债券号码等内容。息票一般以6个月为一期。债券到期时,持有人从债券上剪下息票并据此领取利息。由于息票到期时可以获得利息收入,因此附息债券也被看做是一种可以流通转让的金融工具。

2. 贴现债券

贴现债券也称贴水债券,是指发行时按规定的折扣率,以低于票面价值的价格出售,到期按票面价值偿还本金的一种债券。贴现债券的发行价格与票面价值的差价即为贴现债券的利息。

(四)按债券形态分类

根据债券券面形态的不同,可将债券分为实物债券、凭证式债券和记账式债券。

1. 实物债券

实物债券是指具有标准格式实物券面的债券。在标准格式的债券券面上,一般印有债券面额、债券利率、债券期限、债券发行人全称和还本付息方式等各种债券票面要素。有时,债券利率、债券期限等要素也可以通过公告向社会公布而不再在债券券面上注明。在我国现阶段的国债种类中,无记名国债就属于这种实物债券,它以实物券的形式记录债权,面值不等,不记名,不挂失,可上市流通。实物券是一般意义上的债券,很多国家通过法律或者法规对实物债券的格式予以明确规定。

2. 凭证式债券

凭证式债券的形式是一种债权人认购债券的收款凭证,而不是债券发行人制定的标准格式的债券。我国近年通过银行系统发行的凭证式国债,券面上不印制票面金额,而是根据认购者的认购额填写实际的交款金额,是一种储蓄债,可记名、挂失,以"凭证式国债收款凭证"记录债权,不能上市流通,从购买之日起计息。在持有期内持券人如遇特殊情况需要提出现金,可以到购买网点提前兑取。提前兑取时,除偿还本金外,利息按实际持有天数及相应的利率档次计算,经办机构按兑付本金的0.2%收取手续费。

3. 记账式债券

记账式债券是指没有实物形态,而只是在电脑账户中加以记录的债券。随着现代科学技术的发展,计算机在债券发行和交易中逐步运用和推广。在我国,上海证券交易所和深圳证券交易所已为证券投资者建立电脑证券账户,因此,可以利用证券交易所的系统来发行债券。我国近年来通过沪、深交易所的交易系统发行和交易的记账式国债就是这方面的实例。投资者进行记账式债券买卖,必须在证券交易所设立账户。由于记账式债券的发行和交易均采用无纸化方式,因此,其具有效率高、成本低、交易安全的特点。

(五)按利率是否固定分类

根据利率是否固定,可将债券分为固定利率债券和浮动利率债券两类。

1. 固定利率债券

固定利率债券是指在发行时规定利率在整个偿还期内不变的债券。固定利率债券不考虑市场变化因素,因而其筹资成本和投资收益可以事先预计,不确定性较小。

2. 浮动利率债券

浮动利率债券是一种特殊形态的债券。它是指利率不固定或不绝对固定,在有效期内可定期或不定期地进行规范或灵活调整的债券。前面已提及的累进利息金融债券、所得公司债券,以及在通货膨胀较严重时期出于保障投资者利益目的而发行的保值债券等,都属此类债券。采用浮动利率形式,减少了持有者的利率风险,也有利于债券发行人按照短期利率筹集中长期的资金。

(六)按有无担保分类

根据发行时是否提供担保,可将债券分为信用债券和担保债券。

1. 信用债券

信用债券也称无担保债券,是指仅凭债务人信用发行的、没有抵押品做担保的债券。政府债券和金融债券多为信用债券,少数信用良好的公司也可发行信用债券,但在发行时必须签订信托契约,对债务人的有关行为进行约束,由受托的信托公司监督执行,以保障投资者的利益。

2. 担保债券

担保债券是指以抵押财产为担保而发行的债券,主要包括两种:第一种是不动产抵押债券,即以土地、房屋、机器、设备等不动产为抵押担保品而发行的债券。当债务人在债务到期后不能按期偿还本息时,债券持有者有权通过变卖抵押品来收回本息。在实践中,可以同一不动产为抵押品而多次发行债券。按发行顺序可分为第一抵押债券和第二抵押债券等。第一抵押债券对于抵押品有第一留置权；第二抵押债券对于抵押品有第二留置权。所以，第一抵押债券又称优先抵押券；第二抵押债券又称一般抵押券。第二种是信托抵押债券，即以发行主体拥有的其他有价证券，如股票和其他债券作为担保品而发行的债券。一般来说，这种债券的发行主体是一些合资附属机构，以总公司的证券作为担保。作为担保的有价证券通常委托信托人保管，当该公司不能按期清偿债务时，即由受托人处理其抵押的证券并代为偿债，以保护债权人的合法利益。

（七）按偿还方式分类

根据偿还方式的差异，可将债券分为一次还本债券、分次还本债券和通知还本债券。

1. 一次还本债券

一次还本债券是指在债券到期后的规定时间内向投资者一次性偿还本金的债券。这种债券较为常见，短期债券基本上属此类；中、长期债券也有相当部分采取一次还本方式。

2. 分次还本债券

分次还本债券是指在债券有效期内，分别于不同时期向投资者分批次偿还部分或全部本金的债券。采取这种偿还方式的债券一般都是中、长期债券。

3. 通知还本债券

通知还本债券是在债券到期前，发行者可随时发布通知，偿还债券持有人一部分或全部本金的债券。前面已提到的可转换公司债券往往也同时是这种债券。

第二节 债券投资理财概述

一、债券投资原则

投资债券既要有所收益，又要控制风险。因此，根据债券的特点，投资债券的原则如下。

（一）收益性原则

不同种类的债券收益大小不同，投资者应根据自己的实际情况选择。例如，国家（包括地方政府）发行的债券，一般认为是没有风险的投资；而企业债券则存在着能否按时偿付本息的风险，作为对这种风险的报酬，企业债券的收益性必然要比政府债券高。

（二）安全性原则

债券相对于其他投资理财产品要安全得多。但这仅仅是相对的，其安全性问题依然存在，因为经济环境有变、经营状况有变、债券发行人的资信等级也不是一成不变的。因此，投资债券还应考虑不同债券投资的安全性。例如，就政府债券和企业债券而言，企业债券的安全性不如政府债券。

（三）流动性原则

债券的流动性强意味着能够以较快的速度将债券兑换成货币，同时以货币计算的价值不受损失；反之，则表明债券的流动性差。影响债券流动性的主要因素是债券的期限，期限越长，流动性越弱，期限越短，流动性越强。另外，不同类型债券的流动性也不同。例如，政府债券在发行后就可以上市转让，故流动性强；企业债券的流动性往往就有很大差别，对于那些资信卓著的大公司或规模小但经营良好的公司,他们发行的债券其流动性是很强的;反之,那些规模小、经营差的公司发行的债券,流动性要差得多。

在债券投资的具体操作中,投资者应考虑影响债券收益的各种因素,在债券种类、债券期限、债券收益率(不同券种)和投资组合方面作出适合自己的选择。

二、债券投资方法

根据投资目的的不同,个人投资者的债券投资方法可分为以下三种。

(一)完全消极投资

完全消极投资(购买持有法),即投资者购买债券的目的是储蓄,获取较稳定的投资利息。这类投资者往往不是没有时间对债券投资进行分析和关注,就是对债券和市场基本没有认识,其投资方法就是购买一定的债券,并一直持有到期,获得定期支付的利息收入。适合这类投资者投资的债券有凭证式国债、记账式国债和资信较好的企业债。如果资金不是非常充裕,这类投资者购买的最好是容易变现的记账式国债和在交易所上市交易的企业债。这种投资方法风险较小,收益率波动性较小。

(二)完全主动投资

完全主动投资,即投资者投资债券的目的是获取市场波动所引起价格波动带来的收益。这类投资者对债券和市场有较深的认识,属于比较专业的投资者,对市场和债券走势有较强的预测能力,其投资方法是在对市场和债券作出判断和预测后,采取"低买高卖"的手法进行债券买卖。如果预计未来债券价格(指净价)上涨,则买入债券等到价格上涨后卖出;如果预计未来债券价格下跌,则将手中持有的债券出售,并在价格下跌时再购入债券。这种投资方法使债券投资收益较高,但也面临较高的波动性风险。

(三)部分主动投资

部分主动投资,即投资者购买债券的目的主要是获取利息,但同时把握价格波动的机会获取收益。这类投资者对债券和市场有一定的认识,但对债券市场关注和分析的时间有限,其投资方法就是买入债券,并在债券价格上涨时将债券卖出获取差价收入;如果债券价格没有上涨,则持有到期获取利息收入。该投资方法下债券投资的风险和预期收益高于完全消极投资,但低于完全积极投资。

三、债券投资操作要点

债券投资时应考虑的操作要点如下。

(一)债券种类

一般政府债券、金融债券风险较小,企业债券风险较前两者大,但收益也较大。

(二)债券期限

一般债券期限越长,利率越高、风险越高;期限越短,利率越低、风险越小。

(三)债券收益水平

由于债券发行价格不尽一致,投资者持有债券的时间及债券的期限等不一致,都会影响债券收益水平。

(四)投资结构

多种债券与品种、期限长短的分布与安排,合理的投资结构可以减少债券投资的风险,增加流动性,实现投资收益的最大化。

第三节 债券投资理财的风险与防范

任何投资都是有风险的,债券投资的风险是指债券预期收益变动的可能性及变动幅度,债券投资的风险是普遍存在的。由于不同种类的债券其风险各有不同,下面将分别介绍一下国债、公司债、可转换债券和金融债的风险。

一、债券投资的风险

(一) 国债的风险

国债常常被定位为无风险收益的"标杆"。因此,很多人都误以为投资国债没有风险。事实上,这是一大误区。债券期限越长,利率风险越大。如投资者购买利率为3％的长期国债,而持有不久后利率上升至5％,即便扣除利息税,每年也要损失不少利息收入,复利计算下来,损失将很大。因此,投资者在购买国债时一定要考虑未来利率的走势,防范价格下跌的风险。

其次是通胀导致货币购买力下降的风险。通胀期间,投资者的实际利率应该是票面利率扣除通胀率。此时,即便名义利率没有升高,债券也存在贬值的风险。因此,保守的投资者也不宜把资金全部投资于债券,而应该将部分资金投资于收益较高的投资品种上。

另外,债券还存在变现能力的风险。特别是长期债券,如果急需用钱或发现更好的投资机会时,投资者想在短期内变现而一时又找不到愿意出合理价格的买主,就必须压低价格才能出售。因此,投资者一定要考虑所购债券的持有期限是否与自己的投资计划相匹配,也可采取长短期债结合的方式投资,以利于分散风险,增加流动性。

(二) 公司债的风险

公司债不像国债那样有政府作为信用保障,公司债的风险总体要高于国债。除了利率风险和通胀风险,公司债还面临公司自身的经营风险。公司债券的还款来源是公司经营利润,但是任何一家公司的未来经营都存在很大的不确定性,因此,公司债券持有人承担着损失利息甚至本金的风险。如果公司的偿付能力出现问题,投资者的资产可能就会遭受损失。

从实质上讲,公司风险在很大程度上就是公司兑付债券的风险,即公司不能按照约定履行自身还本付息的承诺。

1. 发债公司所属行业存在行业风险

由于发债公司都有特定的生产经营范围,国家产业政策、行业市场竞争程度、关联行业的发展态势等都从宏观上直接关系到公司能否按照约定到期还本付息,这也是所有公司债券固有的风险。以农业为例,我国的农产品棉花、水果生产等存在产品质量、品种结构不适应市场消费需要的矛盾,我国加入WTO之后,外国农产品进入我国市场构成了与我国国内农产品的竞争,所以农业企业所发行的债券就会面临此类行业竞争风险。

2. 发债公司存在公司经营管理方面的风险

经营管理风险是指在债券存续期限内,发行人在公司日常经营管理中,由于经营管理不善导致的还本付息方面的风险。经营管理风险同样也是发生企业信用风险的重要诱因。

3. 发债公司募集资金的用途可能存在项目风险

公司债券发行人发行债券的目的在于满足公司特定生产项目的建设和生产，而项目的建成投产又成为公司用以支付债券本息的重要资金来源。然而，资金拟投入的项目本身也存在一定的风险，如项目建设过程中由于特定因素影响导致项目无法完工投产，那么作为公司还本付息的资金来源就缺乏保障。另外，如果公司项目决策失误，投资项目的利润达不到预期利润，同样构成公司还本付息的障碍。

因此，投资者一定要对发债的公司有较为全面的了解，分析并跟踪其盈利能力和偿债能力、信誉等，在收益和风险之间作出权衡。

（三）可转换债券的风险

可转换债券与股票相比风险要小得多，但在 1998 年东南亚金融危机中，亚洲可转换债券的投资者还是蒙受了重大损失，我国的宝安可转换债券也是一个失败的案例。投资者应该对可转换债券的投资风险有清醒的认识。投资者在投资可转换债券时，要充分注意以下风险。

1. 股票波动风险

当股价高于转换价格时，可转换债券价格一方面会随股价的上涨而上涨；另一方面也会随股价的下跌而下跌，可转换债券的持有者要承担股价波动的风险。

2. 利息损失风险

当股价下跌到转换价格以下时，可转换债券持有者被迫转为债券投资者，因为转股会带来更大的损失。因为可转换债券利率一般低于同等级的普通债券利率，所以会给投资者带来利息损失。

3. 提前赎回的风险

许多可转换债券都规定发行者可以在发行一段时间之后，以某一价格赎回债券。提前赎回一方面限定了投资者的最高收益率；另一方面也给投资者带来再投资风险。

4. 强制转换的风险

债券存续期内的有条件强制转换同提前赎回一样，限定了投资者的最高收益率，只不过此时收益率一般会高于提前赎回的收益率。而到期的无条件强制转换，将使投资者无权收回本金，只能承担股票下跌的无限风险。

（四）金融债券的风险

由于银行等金融机构在一国经济中占有较特殊的地位，政府对它们的运营已有严格的监管，因此，金融债券的资信通常高于其他非金融机构债券，违约风险相对较小，具有较高的安全性。所以，金融债券的利率通常低于一般的企业债券，但高于风险更小的国债和银行储蓄存款利率。鉴于在我国发行的金融债券大部分都是政策性金融债券，所以着重介绍一下政策性金融债券的风险。

购买政策性金融债券的风险主要有以下几个方面：① 目前已发行的政策性金融债都是固定利率债券，如果市场利率大幅波动，特别是向上调整，购买者会承担利率风险。② 政策性金融债券交易的资金结算目前还是由对手自行办理，如果交易对手选择不当，会发生信用风险。③ 政策性金融债券现在流动性还不是很高，对增量资金不稳定的金融结构来说，过多购买金融债券存在一定的流动性风险。

债券投资按风险和种类不同，分为以下几种风险。

1. 违约风险

违约风险是指发行债券的借款人不能按时支付债券利息或偿还本金,而给债券投资者带来损失的风险。在所有债券之中,财政部发行的国债,由于有政府作担保,所以没有违约风险。但除中央政府以外的地方政府和公司发行的债券则或多或少有违约风险。因此,信用评级机构要对债券进行评价,以反映其违约风险。如果市场认为一种债券的违约风险相对较高,那么就会要求债券的收益率也较高,从而弥补可能承受的损失。

2. 利率风险

债券的利率风险是指由于利率变动而使投资者遭受损失的风险。毫无疑问,利率是影响债券价格的重要因素之一,当利率提高时,债券的价格就降低;当利率降低时,债券的价格就会上升。由于债券价格会随利率变动,所以即便是没有违约风险的国债也会存在利率风险。

3. 购买力风险

购买力风险是指由于通货膨胀而使货币购买力下降的风险。通货膨胀期间,投资者实际利率应该是票面利率扣除通货膨胀率,若债券利率为10%,通货膨胀率为8%,则实际的收益率只有2%。购买力风险是债券投资中最常出现的一种风险。在20世纪80年代末到20世纪90年代初,由于国民经济一直处于高通货膨胀的状态,我国发行的国债销路并不好,不过现在国债仍是大众投资的热点。

4. 变现能力风险

变现能力风险是指投资者在短期内无法以合理的价格卖掉债券的风险。如果投资者遇到一个更好的投资机会,他想出售现有债券,但短期内找不到愿意出合理价格的买主,要把价格降到很低或者很长时间才能找到买主,那么,他不是遭受降低损失,就是丧失新的投资机会。

5. 再投资风险

如果只购买短期债券,而没有购买长期债券,将会有再投资风险。例如,长期债券利率为10%,短期债券利率为8%,为减少风险而购买短期债券。但在短期债券到期收回现金时,如果利率降低到6%,就不容易找到高于6%的投资机会,从而产生再投资风险。

6. 经营风险

经营风险是指发行债券的单位管理与决策人员在其经营管理过程中发生失误,导致资产减少而使债券投资者遭受损失。

7. 可转换风险

若投资者购买的是可转换债券,当其转成了股票后,股息又不是固定的,股价的变动与债券相比,既具有频繁性又具有不可预测性,投资者的投资收益在经过这种转换后,其产生损失的可能性将会增大,可转换风险因此产生。

二、债券投资风险防范

(一)风险防范的一般原则

按照风险与收益成正比的原则,较高的投资风险必须有较高的投资收益。债券投资的最大特点就是收益稳定、安全系数较高,又具有较强的流动性。稳健的投资者往往放弃股票投资的高收益,摒弃银行储蓄的低利息。因此,继收益性之后,安全性便成为债券投资者普遍关注的问题。

1. 正确选择债券、掌握好买卖时机

关于债券投资风险防范的预防措施，管理当局对债券的发行作出种种有利于投资者的规定是重要的一步。在日本等发达国家，法律规定公司债券发行额都有一定的限额，不能超过资本金与准备金的总和或净资产额的 2 倍。金融债的限额一般规定为发行额不能超过其资本金和准备金的 5 倍。债券发行一般是由认购公司承担发行，安全系数高的债券当然容易被认购，这对企业或公司本身也是一种约束。

2. 选择多种债券分散投资风险

选择多种债券是降低债券投资风险的最简单办法。不同企业发行的不同债券，其风险性与收益性也各有差异，如果将全部资金都投在某一种债券上，万一该企业出现问题，投资就会遭受重大损失。因此，有选择性地或随机购买不同企业的各种不同名称的债券，可以使风险与收益多次排列组合，能够最大限度地减少风险或分散风险。这种防范措施对中小户特别是散户投资者尤为重要，因为这类投资者没有可靠的信息来源，摸不准市场的脉搏，很难选择最佳投资对象，此时购买多种债券，犹如撒开大网，这样，任何债券的涨跌都有可能获益，除非发生导致整个债券市场下跌的系统性风险，一般情况下不会全赔。

采用这种投资策略必须注意一些问题：

首先，不要购买过分冷门、流动性较差且难于出手的债券，以防资金套牢。其次，不要盲目跟风，抱定不赚不卖的信心，最终才有好收益。最后，特别值得注意的是必须严密注视非经济性特殊因素的变化，如政治形势、军事动态和人们的心理状态等，以防整个债券行市下跌，造成全线亏损。

3. 债券期限多样化

债券的期限本身就孕育着风险，期限越长，风险越大，而收益也相对较高；反之，债券期限短，风险小，收益也少。如果把全部投资都投在期限长的债券上，一旦发生风险，就会猝不及防，其损失就难以避免。因此，在购买债券时，有必要多选择一些期限不同的债券，以防不测。

4. 注意做顺势投资

对于小额投资者来说，谈不上操纵市场，只能跟随市场价格走势做买卖交易，即当价格上涨人们纷纷购买时买入，当价格下跌人们纷纷抛出时抛出，这样可以获得大多数人所能够获得的平均市场收益。这种防范措施虽然简单，也能收到一定效益，但却有很多不尽如人意之处。

做顺势投资，必须把握跟随时间，这就是通常说的"赶前不赶后"。如果预计价格不会再涨了，而且有可能回落，那么尽管此时人们还在纷纷购买，也不要顺势投资；否则，价格一旦回头，必将遭受众人一样的损失。

5. 以不变应万变

以不变应万变也是防范风险的措施之一。在债券市场价格走势不明显、此起彼落时，在投资者买入卖出纷乱，价格走势不明显时，投资者无法作顺势投资选择，最好的做法便是以静制动。因为在无法判断的情况下，做顺势投资，很容易盲目跟风，很可能买到停顿或回头的债券，结果疲于奔命，一无所获。此时以静制动，选择一些涨幅较小和尚未调整价位的债券买进并耐心持有，等待其价格上扬，是比较明智的做法，当然这要求投资者必须具备很深的修养和良好的投资知识与技巧。

6. 必须注意不健康的投资心理

要防范风险还必须注意一些不健康的投资心理，如盲目跟风往往容易上当，受暗中兴风作浪、操纵市场人的欺骗；贪得无厌，往往容易错过有利的买卖时机；赌博心理，孤注一掷的结果往往会导致血本无归；嫌贵贪低，过分贪图便宜，容易持有一堆亏本货，最终不得不抛弃而一无所获。

投资是一门很深奥的学问，进行投资时一定要对风险和收益进行权衡，努力在减少风险的基础上获得最大的收益。

（二）针对不同风险的防范原则

1. 违约风险规避方法

违约风险是指由于发行债券的公司或主体经营状况不佳或信誉不高带来的风险，所以，避免违约风险的最直接的办法就是不买质量差的债券。在选择债券时，一定要仔细了解公司的情况，包括公司的经营状况和公司的以往债券支付情况，尽量避免投资经营状况不佳或信誉不好的公司债券。在持有债券期间，应尽可能对公司经营状况进行了解，以便及时作出卖出债券的抉择。同时，由于国债的投资风险较低，保守的投资者应尽量选择投资风险低的国债。

2. 利率风险规避方法

对于利率风险，应采取的防范措施是分散债券的期限，长短期配合。投资者手中经常保持短期、中期、长期的债券，不论什么时候，总有一部分即将到期的债券，当它到期后，又把资金投资到长期债券中。假定某投资者拥有 20 万元资金，他分别用 4 万元去购买 1 年期、2 年期、3 年期、4 年期和 5 年期的各种债券，这样，他每年都有 4 万元债券到期，资金收回后再购买 5 年期债券，循环往复。使用这种方法，如果利率上升，短期投资可以迅速地找到高收益投资机会，若利率下降，长期债券却能保持高收益，而且其简便易行、操作方便，还能使投资者有计划地使用、调度资金。

3. 购买力风险规避方法

对于购买力风险，最好的规避方法就是分散投资，以分散风险，使购买力下降带来的风险能为某些收益较高的投资收益所弥补。通常采用的方法是将一部分资金投资于收益较高的投资方式上，如股票和期货等，但带来的风险也随之增加。

4. 变现能力风险规避方法

针对变现能力风险，投资者应尽量选择交易活跃的债券，如国债等，便于得到其他人的认同，冷门债券最好不要购买。在投资债券之前也应考虑清楚，应准备一定的现金以备不时之需，毕竟债券的中途转让不会给债权人带来好的回报。

5. 再投资风险规避方法

对于再投资风险采取的防范措施是分散债券的期限，长短期配合。如果利率上升，短期投资可迅速找到高收益投资机会；若利率下降，长期债券却能保持高收益。也就是说，要分散投资，以分散风险，并使一些风险能够相互抵消。

6. 经营风险规避方法

为了防范经营风险，选择债券时一定要对公司进行调查，通过对其财务会计报表进行分析，了解其盈利能力和偿债能力、信誉等。由于国债的投资风险极小，而公司债券的利率较高但投资风险较大，所以，需要在收益和风险之间作出权衡。

7. 可转换风险规避方法

可转换性风险可以通过金融衍生工具进行规避。这种风险规避方法包括同时买进或者卖出各种衍生合同的组合，例如，看涨期权以及看跌期权，同时要进行分散性投资。

总之,债券投资是一种风险投资,投资者在进行投资时,必须对各类风险有比较全面的认识,并对其加以测算和衡量,同时,采取多种方式规避风险,力求在一定的风险水平下使投资收益最高。

复习思考题

一、单选题

1. 下列关于固定利率债券的说法中,正确的是(　　)。
   A. 市场利率上升,债券利息收入不变
   B. 利率相对固定
   C. 市场利率上升,债券利息收入相对上升
   D. 利率可以浮动
2. 金融债券是由金融机构发行的,其中主要发行者是(　　)。
   A. 企业　　　　　B. 商业银行　　　　C. 基金管理公司　　　D. 信托投资公司
3. 目前,我国债券的种类比较多,其中风险最小、安全性最好的是(　　)。
   A. 政府债券　　　B. 金融债券　　　　C. 公司债券　　　　　D. 企业债券
4. 购买力风险导致(　　)。
   A. 通货膨胀　　　　　　　　　　　　B. 货币购买力上升
   C. 货币购买力下降　　　　　　　　　D. 通货紧缩

二、多选题

1. 债券按发行主体,可以分为(　　)。
   A. 中央政府债券　B. 公司债券　　　　C. 金融债券　　　　　D. 政府债券
2. 企业向外部筹资的主要途径有(　　)。
   A. 发行股票　　　B. 发行基金　　　　C. 对外借款　　　　　D. 发行债券
3. 凭证式债券(　　)。
   A. 可以记名　　　　　　　　　　　　B. 可以挂失
   C. 可以提前兑取　　　　　　　　　　D. 提前兑取不收手续费
4. 债券投资风险有(　　)。
   A. 经营风险　　　B. 利率风险　　　　C. 购买力风险　　　　D. 违约风险

三、简答题

1. 简述债券的特征。
2. 比较债券与股票的区别。
3. 试述债券投资风险防范的一般原则。

第六章

保险投资理财

学习要点

【知识目标】 通过对本章的学习,掌握保险的含义、功能和种类;懂得保险理财的原则和目的;了解保险理财风险防范的方法。

【技能目标】 能够针对客户实际情况提供适合的保险理财建议和保险理财方案。

华人首富李嘉诚曾说:"别人都说我很富有,拥有很多的财富,其实真正属于我个人的财富是给自己和亲人购买的充足的人寿保险。"李嘉诚如此的富有,却为什么认为只有他为自己和家人购买的人寿保险才是属于他的真正的财富? 保险到底是什么? 它能帮助我们理财么? 保险在理财中能起到什么作用? 带着这些疑问,让我们先来了解一下保险吧。

第一节 保险的基础知识

我们在这里所提到的保险是居民可以自愿购买的商业保险,而不是由国家通过立法强制实行的社会保险。

一、初识保险和保险理财

(一) 保险和保险理财的含义和功能

1. 保险的含义和功能

保险是帮助个人或机构承担不可预测的巨大的经济损失的一种金融工具。保险大体上可以分为人身保险和非人身保险,人身保险一般就是国人所说的人寿保险,而非人身保险一般是指财产保险等。

保险的功能主要表现在提供风险管理服务(规避风险)和弥补经济损失这两方面。提供风险管理服务的目的是帮助个人或机构防患于未然;弥补经济损失的目的是帮助个人或机构减少经济损失,渡过难关。

2. 保险理财的含义和功能

保险理财就是利用保险特有的功能,保障资产的安全和增值,延续个人的经济生命。这就是保险理财的含义。所以人们常说,保险不会改变你的生活,但可以使你的生活不改变。由于人寿保险的特殊性,在提供保障的同时也附加了更多的理财功能,所以本章所提到的保险理财是指运用人寿保险理财,虽然财产保险在理财上也有其功用,但是并不如寿险突出,所以就不再讨论。

保险理财的功能之一是筹措资金,保险法中明确规定了"现金价值不丧失条款",即客户虽然与保险公司签订合同,但客户有权中止合同,并得到相应的退保金额。这里的"现金价值"是指保单所有人(客户)终止合同并向保险公司退保时,保险公司保证给付的金额。在某些保险合同中也规定了当客户资金紧缺时可申请现金价值的 70%~90% 作为短期贷款,如果客户急需资金,又一时筹措不到,便可以将保险单抵押在保险公司,从保险公司取得相应数额的贷款。同时,一些新型的人寿保险产品不仅具有保障功能,而且具有一定的投资功能,就是说在保险期间获得保障的同时,还有本金以外的其他收益。

3. 保险理财的优势

保险理财与其他金融理财比较有以下三大优势:

(1) 税务优势。如今我国还没有开始征收遗产税,但这是一个发展趋势。如果开始征收遗产税,购买保险也是个避开遗产税的好途径。因为在西方发达国家,一般都要征收遗产税,因此很多人为了节税采取了许多方式,其中很多人都选择购买保险,因为它既可以提供保障又可以节税,只要将遗产继承人确定为受益人即可。我国的《保险法》规定,指定受益人的保险金不作为被保险人的遗产;《民法通则》中规定,不作为遗产的财富不用交税;我国的《遗产税草案》第五条第四款也规定,被继承人投保人寿保险所取得的保险金不计入应征税遗产总额。可见,保险是一个非常理想的节税工具,受到了法律的保护。

(2) 债务优势。下面的一个真实的事件充分印证了保险所具有的债务优势。1997 年 5 月 8 日,袁某及妻子李某分别投保中国人寿的"99 鸿福终身保险",保险金额各为 50 万元,受益人为其儿子袁宝宝。1998 年 1 月 18 日,袁某夫妇外出进货途中,不幸遭遇车祸双双遇难。案发后,保险公司认定保险责任,立即向受益人的监护人支付 100 万元的死亡保险金。但次日,袁某生前债权人要求人民法院冻结袁某所有财产,以追偿其债务。依照我国《继承法》第三十三条规定:遗产继承应当清偿被继承人依法应当缴纳的税款和债务。但同时我国《保险法》中规定,指定受益人的保险金不作为被保险人的遗产。所以这 100 万元保险金不作为袁某夫妇的遗产,因此不受债务追偿。法院最终裁定 100 万元保险金归袁宝宝所有。由此可以看出,保险具有银行存款、股票和基金等金融工具所不具备的免于债务追偿功能。

(3) 抵抗通货膨胀优势。20 世纪五六十年代的北京,一个人每月的生活费大概是 10 元左右,而 2005 年北京市的最低生活保障金每月为 500 多元,为什么它们之间会有这么大的悬殊?这是由于通货膨胀所带来的,后果就是银行的存款在隐形缩水。现在将 10 万元存在银行,期限是 20 年,如果目前的通货膨胀率为 3%,则 10 万元在满期后已经缩水为 55 370 元,3% 的通货膨胀率将这 44 630 元慢慢吃掉了。现在具有投资理财功能的保险可以起到避免通货膨胀所带来的资金缩水问题,因为大部分具有投资理财功能的保险提供双收益,它在提供保障的同时会承诺一个保底收益,它类似于银行的固定利息率,在此基础之上还会有一个浮动的收益,这个收益是随着经济的变动而水涨船高,因此很好地避免了通货膨胀的风险。

(二) 保险理财的原则与目的

1. 保险理财的原则

(1) 遵循保障第一原则。保险本身的功能是规避风险和经济补偿,所以运用保险理财时应把保障放在首位,其次才是投资。重投资轻保障的行为不是理财,而是冒险。

(2) 遵循本金安全原则。1和0哪个更重要?如果你注重的只是1后面有多少个0,当某一天1消失的时候,那若干个0也失去了它的意义,所以,应该先保住"1",那个"1"就是我们理财的本金。只有这样才能颗粒归仓。

(3) 遵循保值增值原则。不要让你的资金随着时间的流逝而变得一文不值,而最少应该让你的资金在将来的购买力水平和现在的购买力水平是一样的。

2. 保险理财的目的

保险理财的目的就是让客户在人生的各个阶段,适时地得到财务支援,以达成人生各种目标,包括生前财富累积和身后财产转移。

第二节　保险投资理财实务

现在市场上的保险产品琳琅满目,由于保险的种类不一样,它所起到的保障功能和理财功能也不一样。

一、保障型保险险种

1. 健康保险

(1) 健康保险的含义。所谓健康保险,就是以人的身体为保险标的,对其因遭受疾病或意外伤害事故所发生的医疗费用损失或导致工作能力丧失所引起的收入损失,以及因为年老、疾病或意外伤害事故导致需要长期护理的损失提供经济补偿的保险。

(2) 健康保险的功用。健康保险关注的不仅是人遭受保险事故损失后的经济补偿,而且更加关注人在遭受保险事故损失前的预防保健和健康教育,及其生存期间的健康管理。

(3) 健康保险种类。健康保险一般分为重大疾病保险、医疗保险、收入保障保险等。重大疾病保险以重大疾病为给付保险金条件的疾病保险,只要被保险人得了保险条款中约定的某种疾病,无论是否发生医疗费用或已经发生多少医疗费用,都可获得保险公司的补偿。医疗保险是以约定的医疗费用为给付保险金条件的医疗保险,即如果被保险人在接受医疗发生医疗费用时,由保险公司按照合同约定的比例和限额进行补偿,最常见的医疗保险包括了住院医疗保险和意外伤害医疗保险。收入保障保险是以因意外伤害、疾病导致收入中断或减少为给付保险金条件的保险,即如果被保险人因意外伤害、疾病致使工作能力降低或丧失了工作能力,此时由保险公司按照约定的标准补偿其收入损失的一种保险,常见的收入保障保险如各种住院津贴保险、手术费用补助保险等。

目前的人寿保险公司都有各种功能的健康保险产品,2005年成立的人保健康险公司更是专门提供此类服务的保险公司。

2. 意外伤害保险

意外伤害保险是保险公司在被保险人遭受意外伤害并由此导致伤残或者死亡时,由保险公司依照合同约定向被保险人或受益人给付保险金的保险。保险公司一般针对被保险人发生因意外伤害导致事故或因意外伤害导致残疾两种情况时承担给付责任。它的特点是:保费较低,保障性强。如大家都很熟悉的航空人身意外伤害保险。

3. 养老保险

商业性养老保险是由商业性保险公司办理，个人自愿投保的、用于解决个人养老需求的保险。主要的特点是其能提供较高的保障水平，并且客户可以灵活地选择保障程度。商业养老保险是对社会养老保险的一种有效补充，它不仅能提高承受风险的财务能力，更重要的是进一步为自己谋得更多的福利，让保险公司为自己理财，帮助累积养老金储备，是个人在养老问题上一种明智的选择。同时，商业养老保险具有理财简单、固定回报和强迫储蓄等优势。

4. 少儿保险

少儿保险是专门为少年儿童设计的，用于解决其成长过程中所需要的教育、创业、婚嫁费用，以及应付孩子可能面临的疾病、伤残、死亡等风险的一种保险产品。少儿保险一般分为两类：

（1）教育型保险。它专门针对少年儿童在不同成长阶段的需要，提供相应的保险金。如初中、高中和大学几个时期的教育金，参加工作以后的创业金，结婚时的婚嫁金甚至还有退休之后的养老金等。使少儿在一生中的各个特定阶段都可储备一笔资金，减轻父母的经济负担，同时充分体现父母对子女的呵护和关爱。

（2）健康型少儿保险。它主要是解决儿童的医疗问题，同时提供意外保障。这类保险具有保费低、保障高的特点，可分为少儿意外死亡及伤残保险和少儿疾病医疗保险。少儿意外死亡及伤残保险对少儿一旦发生意外事故导致的死亡和伤残提供保障。少儿疾病医疗保险对少儿因患疾病而产生的医疗费用提供保障。健康类保险一般是附加险，而不单独设立险种销售。

保障型保险主要注重的是保障功能，目的是弥补经济损失，提供不时之需。这类保险具有基本的理财功能，但是它的投资功能不强，无法满足人们日益变化的理财需要。为了弥补传统保险的不足，就产生了更具理财投资功能的理财投资型保险。

二、理财投资型保险险种

理财投资型保险主要指的是非保障型保险，在我国主要有分红保险、投资连接保险和万能保险。早在1999年，平安保险公司就率先推出了投资连接保险，之后，太平洋保险公司推出了万能保险，其他各家保险公司也相继推出了自己的理财投资型保险。迄今为止，理财投资型保险品种更是五花八门，有适合银行销售的"银保产品"，有适合单位集体投保的团体保险产品，有保险公司通过代理人销售的营销产品。这些保险拥有更多的投资理财功能，受到了市场的广泛关注。

1. 分红保险

分红保险最早出现在1776年的英国，当时是为了抵御通货膨胀和利率波动而推出的。它兼具保障和投资功能，因此一经推出，立即受到市场的普遍欢迎。到20世纪60年代，西方发达国家的寿险公司又在此基础上，进行了深入的开发。近年来，分红保险更是成为世界保险市场的主流产品。它作为目前国际保险市场流行的险种，其作用在于客户不仅能享有充分的保障，而且能从保险公司经营的利润中获得较理想的投资回报。在东南亚地区，分红类保险是最受客户欢迎的产品之一；在北美地区，80%以上的产品有分红功能；在德国，分红保险占该国人寿保险市场85%；在中国香港，这一数字更高达90%。

（1）分红保险就是指保险公司在每个会计年度结束后，将上一会计年度该类分红保险的可分配盈余，按一定的比例，以增值红利或现金红利的方式，分配给客户的一种人寿保险。通俗地讲就是让客户享受保险公司的经营收益的一种保险。对于会计年度的规定是：每年1月1日至12月31日为一个会计年度。

（2）分红保险的红利来源于三差益，这三差益分别是死差益、费差益和利差益。死差益是指保险公司实际的风险发生率低于预计的风险发生率，即实际死亡人数比预定死亡人数少时所产生的盈余；费差益是指保险公司实际的营运管理费用低于预计的营运管理费用时所产生的盈余；利差益是指保险公司实际的投资收益高于预计的投资收益时所产生的盈余。

（3）分红保险的红利的分配是有严格规定的。如果保险公司在当年的经营中有分配余额，就会将这部分利润按一定的比例分配给客户。按照保监会规定，出售分红保险的保险公司，每年派发给客户红利的多少，取决于该保险公司上一会计年度该险种的实际经营成果，一般保险公司最少要将当年度可分配盈余的70%分配给客户，保险公司最多自留30%。现金红利的处置方式有：现金领取、存入保险公司并按一定的利率滚动计息、抵缴保险费及增值红利等。

2. 投资连接保险

投资连接保险又称为基金连锁产品，它起源于英国，在发达地区也只有30几年的历史。这种保险在20世纪70年代初一问世就受到消费者的普遍欢迎，到80年代就得到很大的发展，1997年，已经占英国整个寿险市场50%的份额，目前已经成为欧美国家人寿保险的主流险种之一。

（1）投资连接保险简称投连保险，是指一份保单在提供人寿保险时，在任何时刻的价值都是根据其投资基金在当时的投资表现来决定的。保险公司会设置几个不同的账户供客户选择。如果客户选择的是激进型的投资账户，他有可能享有较高的回报，也可能承担较大风险。

（2）投资连接保险的收益主要来源于投资账户的收益。投资账户是一个进行专项管理的独立账户，与保险公司管理的其他资产或其他账户之间不存在债权债务关系，也不承担连带责任。投资账户里的资金用于国债及其他债券、银行存款和证券投资基金等投资。

3. 万能保险

万能保险于20世纪70年代末、80年代初面世，因万能保险给人们提供了很大的弹性，所以被许多人认为是一种可以满足需求的低成本保险。

（1）万能保险是指可以任意支付保险费以及任意调整死亡保险金给付金额的人寿保险，即除了支付某一个最低金额的第一期保险费以后，投保人可以在任何时间支付任意金额的保险费，并且任意提高或降低死亡给付金额，只要保单中积存的现金价值足够支付以后各期的成本和费用就可以了。而且，万能保险现金价值的计算有一个最低的保证利率，保证了最低的收益率。

（2）万能保险收益也主要来源于投资账户的收益，但是它设定了最低保障利率，所以风险比较小。其收益一般为每季度公布一次。

三、保险资金的运用渠道

（一）拆借市场

1998年10月，经国务院批准，中国人民银行下发了《关于保险公司加入全国同业拆借市场有关问题的通知》，同意保险公司加入全国同业拆借市场，从事债券现券买卖业务。

(二)回购市场

1999年8月,中国人民银行批准作为全国银行间同业市场成员的保险公司可与其他银行间同业市场成员进行债券回购交易,交易券种为中国人民银行批准交易的国债、中央银行融资券和政策性银行金融债券等债券。

(三)债券申购

1995年5月,根据我国《保险法》的有关规定,经国务院批准,保险公司可以购买部分中央企业债券。同时,为保证保险公司资金运用的流动性、安全性和盈利性,保监会对投资企业债券作出了较为严格的限制和规定。目前可投资金融债券(如政策性银行:国家开发银行、中国进出口银行等发行的债券)和企业债券(如中央企业债:三峡、通信、铁路、电力)等。

(四)协议存款

1999年10月,中国人民银行下发了《关于对保险公司试办协议存款的通知》。通过协议存款的方式,保险公司的可存款银行由原规定的四大国有商业银行扩展到其他商业银行;保险公司存款的利率水平、存款期限、结息付息方式、违约处罚标准等可由协议双方协商确定;而且保险公司可以以协议存款凭证作为质押物进行融资活动。但为防范保险公司投资风险,该文件还同时对协议存款的期限和存款金额作了规定。

(五)证券投资基金

1999年10月,经国务院批准,保险公司被允许开办投资证券投资基金业务。保险资金可以通过投资证券投资基金而间接进入股市,这对于保险公司资金运用渠道的开放又是一个较大的突破。为确保保险资金安全,防范风险,保监会对保险公司投资证券投资基金特别制定了管理办法,明确规定保险公司开办此项业务必须向保监会提出申请,经资格审查获得批准后方可开办;同时对开办后的投资原则、投资运作方式及投资比例都作出了严格的限定。

(六)国内股市

2004年10月25日《保险机构投资者股票投资管理暂行办法》颁布,规定保险机构可直接投资股票市场,参与一级市场和二级市场交易,买卖人民币普通股票、可转换公司债券及保监会规定的其他投资品种。

保险公司可运用资金的投资渠道不会仅限于此,随着金融市场的逐步活跃和国家政策的逐步放开,保险公司的投资渠道还会进一步的扩大,广大的客户也将享受到更多的投资收益。

第三节　保险投资理财的风险与防范

一、客户在运用保险理财时容易发生的风险

(一)选择保险公司不当风险

客户在运用保险进行理财时通常注重的是长期的保障和收益,但是在这样一个十几年甚至是终身的保险期间里,如果所选择的保险公司因为种种原因无法继续经营下去,宣告破产,则客户的保障和收益肯定会受到或多或少的损失。

1. 保险公司破产

保险公司会破产么？保险公司由于经营不善或经济环境恶化等原因是会破产的。在中国，保险只是发展了短短十几年，所以这种情况目前在国内还没有发生，但是世界各国不乏保险公司破产的例子。我们先来看看日本的情况，1997年4月25日，日本互助生命保险公司宣告破产，结束了"日本保险公司不倒的神话"时期，接下来东邦生命、第百生命和第一火灾海上等保险公司也相继倒闭。到2000年，日本第十二大的寿险公司千代田、协荣生命人寿保险公司在3个星期内相继倒闭。2001年3月23日，东京生命保险公司向东京地方法院提出申请适用《更生特例法》，实际上陷于破产，成为第二次世界大战后日本第7家破产的人寿保险公司。2001年6月26日，太阳生命保险公司、大同生命保险公司决定联合接管东京生命保险公司。而英国独立保险公司和澳大利亚HIH保险公司也全都没能逃脱破产的厄运。美国也从1989年"黑色星期一"开始，大量的保险公司相继倒闭，即便是现在，美国国内的6 000多家保险公司中，每年都有大量保险公司破产。

2. 保险公司破产会给客户带来的损失

(1) 保单利益有损失。保险公司破产给客户带来最明显的损失就是保单利益损失，也就是所谓的"打折保单"。2005年1月1日，《保险保障基金管理办法》发布并正式实施。这意味着我国长期以来实行的"金融机构破产，国家财政兜底"的体制在保险领域被率先冲破了。保险公司破产后，它的后盾不再是国家财政部门的拨款，而是保险保障基金"埋单"。对于广大客户来讲，如果保险公司破产，会按照规定获得全部或者部分的"救济金"。该办法明确指出，寿险公司在被撤销或被宣告破产时，其持有的人寿保险合同应依法转让给另一家寿险公司。保险保障基金将向人寿保单的受让公司提供的救济金额，如果保单持有人为个人，以转让后其保单利益不超过转让前保单利益的90%为限；如果保单持有人为机构，以转让后其保单利益不超过转让前保单利益的80%为限。

(2) 服务也会有缺失。保险理财的一个特点是人对人的保险服务，因为每个人每个家庭的情况都不尽相同，所以得到的保险理财方案也不会相同，这些都要依靠保险代理人来完成有针对性的自始至终的个性化服务。当一个保险公司宣布破产的时候，其保险代理人也将失业，客户将无法享受到后期的服务，这就导致了服务缺失。当这个破产的保险公司的业务被转让给其他保险公司的时候，此时的服务将由受让公司继续提供，但由于代理人的变更和产品的不同，也会使服务大打折扣。

"打折保单"、"服务缺失"是每一位保险客户都不愿意看到的，更不愿意发生在自己的身上，但是一旦在选择保险公司上出现差错，就有可能发生这样的风险，其中的损失也将由自己承担。

(二) 保险理财产品选择不当风险

比基尼时装风靡全世界，许多人为之倾倒，但是它只适合身材苗条的女士穿着，以衬托她们的魅力与性感，如果一位身材过于丰满的女士穿上它，体现的可能就不是这位女士的美丽身姿，而是显得更加的臃肿，甚至招致厌恶的感觉。

运用保险理财就如穿衣，不同种类的产品会提供不同的保险保障和收益，以满足客户不同的保险理财需求，如果客户在没有真正明确理财和保障目的的情况下就盲目地选择了一些保险理财产品，那么这些保险理财产品很有可能无法满足客户的需求，从而给客户造成无法想象的损失。例如，有这样一位父亲，他想给自己13岁的孩子购买一些教育保险，而他却在还没有真正明确购买目的的情况下就购买了投资连接保险,希望能有高的回报。结果事与愿违,他所缴纳的保险费在之后的几年时间里不仅没有升值反而亏损了20%,此时孩子的大学教育费也随之大大缩水了。

(三) 保险缴费风险

如果我们选择用基金、债券等方式进行理财,我们不会考虑到缴费问题,因为这些理财方式只需我们交一次钱就可以了,而保险理财则不然,它往往需要我们连续缴纳保险费,才能达到理财目的。如果客户在保险缴费期内没有经济能力续缴保费,则他的保险责任将会终止,此时他面临的是失去保障和退保,如果他决定退保,则他的损失将会很大。这是为什么呢?

根据我国《保险法》规定,如果投保人已经缴足2年以上保险费,保险公司应当按照合同约定向投保人退还保单的现金价值。可见保险退保退还的只是保单现金价值,而保单现金价值往往小于客户缴纳的保险费;特别是在保险合同生效后的2年内,退保风险更大,此时客户只会得到扣除手续费后的所交保费,那这手续费会有多少呢?通常是所缴保费的60%~80%左右。这就意味着一位客户如果在保险合同生效后的两年内共缴纳了10 000元的保险费,他在退保后,可能最多只会拿回4 000元。

(四) 保障顺序不当风险

"只给孩子上保险就可以了,大人保不保没关系"、"大人上保险不划算,给小孩子上保险回报高",这是目前很多家庭的保险理财观。许多忙于工作的父母只给自己的孩子买了保险,却忽略了自身。但是他们有没有想过,只要夫妻中有一人发生不幸,这个家庭将会因此背上沉重的经济负担。如果双方都发生不幸,孩子将来的抚养费怎么解决?孩子的幸福也将不复存在。

(五) 保险公司、保险代理人误导风险

金融理财是一项专业化的服务,其中的保险理财更是如此,尊崇的是"诚信"两字。客户从关注保险理财开始,就已经享受保险公司和保险代理人专业化的服务了,因为保险这种理财方式比较特殊,它是一切以保险合同为准的,但是保险合同是极为专业化的格式合同,很少有客户能够读懂它,所以保险理财就需要保险公司和保险代理人以诚信为原则,为客户提供专业化的保险服务。

但是,随着市场竞争的加大,有些保险公司为了自身的业务扩展铤而走险,利用信息不对称和客户对保险公司的信任以及对保险的不甚了解,进行一些误导宣传,还有一些素质不高的保险代理人为了完成公司下发的任务,采取一些夸大公司实力、保障功能和投资回报的宣传来引诱客户投保。这些行为都会给客户造成损失,由于许多误导宣传都是空口说来或在宣传单上作了一些小文章,致使客户投诉困难,只能是哑巴吃黄连——有苦难言。

在1999年,平安保险公司推出了投资连接保险,销售异常火爆。该保险公司的某些保险代理人拿着印有高达20%、30%回报率的保险宣传材料向客户介绍这种保险回报高、稳赚不赔,使许多的老百姓购买了这种产品。结果在2002年购买了这种产品的客户发现回报降低,并且都在亏损,根本不是宣传材料上所说的那样,由此导致了一场风波。虽然平安保险公司积极地处理了这件事情,但是由于保险代理人夸大保险功能和投资回报,对客户造成的退保损失是巨大的。

(六) 购买"地下保单"风险

近几年,许多客户轻信一些从港澳过来非法展业的保险代理人以高回报、低风险为诱饵的宣传,购买这些人所推荐的保险,结果却发现是竹篮打水一场空。

1. "地下保单"的含义

非法境外保单俗称"地下保单",表现形式主要包括境外(主要是我国香港、澳门地区)保险公司未经中国保监会批准在内地向内地居民销售的保单。

2. 境外保单是否违法

境外保单并非都是违法的。如果内地居民在港澳旅游、探亲或商务活动期间,向设在中国香港、澳门地区的保险公司购买保险,投保和保险公司同意承保的所有行为都在当地完成,那么当地保险公司为此签发的保单是合法的。

3. 购买"地下保单"的风险

(1) 在内地签写投保单的保险,保单无效。

(2) 在内地签写投保单,并且提供了港澳签写投保单的虚假证明,不仅保单无效,而且还要承担制假文件的刑事责任。

(3) 因文字习惯的差异,保单容易产生纠纷。

(4) 客户保险利益无法保障。

(5) 保险代理人出具的保费发票真伪难辨。

(6) 保险代理人可能多收保费或者在保单生效后借故追加保费。

(7) 保险代理人侵吞或克扣赔款。

(8) 服务难以保障,主要表现在索赔难。

(9) 发生争议时,无法得到我国法律的有效保护。

(10) 经常受汇率变动影响,面临汇率风险。

(11) 在我国香港、澳门地区,不少保险公司的规模都较小,但是市场竞争激烈,所以保险公司经常倒闭。因此,不是境外的保险就比境内好,反而是境外的保险风险巨大。作为有头脑的客户还是不买为好,以免造成不可挽回的损失。

二、保险公司经营风险

保险公司是金融企业,在经营管理中也会有风险产生。

(一)决策风险

保险公司经营管理的就是风险,在保险公司面临的众多风险中,大量的风险是行为人在短期利益驱动下产生的,而内控制度与外部监管制度的不健全,又给这些风险的产生提供了滋生的温床。这些主要是因为保险公司人员素质不高、道德水平不高,在不确定的环境下,难以作出全面、及时的决策,从而造成了风险。如日本的保险公司倒闭案从1997年开始发生,那时亚洲爆发了大规模的金融危机,如此之多的保险公司相继倒闭,管理决策失误是其中一个原因。

(二)保险公司投资风险

保险公司虽然是大型金融机构,在投资上会有投资专家进行管理,有些保险集团公司还设有独立的资产管理公司进行投资管理,可以将投资风险降至最低,获得理想的收益。但是投资毕竟有风险,如股市的不景气就会给保险公司带来投资亏损。

让我们看一组数据:2001—2004年,保险投资资金年投资收益率分别为4.3%、3.14%、2.68%、2.4%,处于下滑阶段。其中,来自证券投资基金的投资不断下拉着保险业的投资收益率,如2004年,中国人寿投资证券投资基金浮亏10.72亿元,中国平安投资封闭式基金浮亏达7.89亿元。

另外,一些保险投资的系统风险如商业周期风险、利率风险、汇率风险、政治风险和政策风险等都会造成保险公司不同程度的投资损失。

(三)市场竞争风险

市场竞争风险主要体现在保险公司之间的价格竞争上。首先表现在同等承保责任下,降低保险费率或提高保费返还率。其次是在同等保险费率下,扩大承保责任范围或提高保险金额,提高保险代理或中介佣金来招揽保险业务。最后是放宽承保条件,增大了保险公司的风险。这些都是保险公司之间的恶性竞争。

出现恶性竞争往往是因为经营管理人员为了考虑自己任期内的业绩,从而采取粗放式、短期行为的经营方式,盲目扩大机构和市场份额,或采取自杀性竞争手段招揽业务,加大恶性竞争风险。恶性价格竞争给保险公司带来了极大的经营风险,严重威胁着公司长期可持续发展与市场生存能力。

(四)产品结构不合理隐含风险

近年来,保险公司特别是寿险公司在业务快速发展的同时,存在业务结构不尽合理的情况。这突出表现在两个方面:短期分红型保险业务占比过高、趸缴保险业务占比过高。

趸缴保险业务占比过高、短期分红型保险业务占比过高的现象,是对保险资源的一种过度开发的表现,其发展是难以持续的,在目前的通货膨胀压力和加息的市场环境下显得更为突出,这可能导致保险公司的退保率上升、续保率下降、投保率下降和短期内保险金给付大量增加。同时,在物价指数和利率上升的过程中,公司为应对竞争,需要提高分红保单的分红水平,可能造成实际负债成本大幅上升。

更为严重的是,这种业务结构主导的模式在未来若干年保险给付大幅增加,但其保费收入的难以持续增长却使未来的现金流量减少甚至枯竭,最后有可能酿成现金流严重不足的危机,严重影响甚至危及公司的财务稳定性。

所以,寿险公司业务结构的不合理,将有可能导致其未来的业务成长难以持续发展,可能诱发现金流严重不足的流动性危机。

三、风险的防范与化解

(一)客户如何化解保险理财带来的风险

1. 掌握基本保险知识

客户掌握基本保险知识的目的是为了更好地与保险代理人沟通,明晰自己的保障目的和所购买保险的保障权益,并且利于读懂保险建议书和保险合同。

2. 基本了解各家保险公司情况

(1)了解保险公司历史情况。了解保险公司的历史情况要从两个方面看:一看是否具有丰富的经营管理经验。一般来讲,保险公司经营的时间越长,就意味着它的经营管理经验越丰富,在经营上也会越稳健。当然,这并不是说经营时间相对较短或刚刚成立的保险公司经营管理经验不丰富,因为其可以通过学习交流在短时间内丰富自己的经营管理经验。二看保险公司的美誉度:通过向监管机构问询或通过媒体评论,可以了解保险公司的诚信度,市场及客户对它的评价,发生保险事故时的理赔处理,有没有发生过难以偿付保险金的事件和在服务上是否遭受到投诉及处理结果等。

(2)了解保险公司规模。要注意以下三点:第一,资金规模。资金规模越大,证明该保险公司的经营实力越强大，盈利水平可能也会越大。这些数据可以从监管部门和保险公司的官方网站上获得。第二，服务网络。服务网络越多，保险公司提供的便捷服务就会越及时，例如，有些公司在全国的服务网点只限于几个大型城市，而有些公司在全国的服务网点在小县城里都会设立，所以在享受保险售后服务时的便捷性、及时性是不一样的。第三，产品种类。良好的保险产品是获取保障和理财收益的重点。优秀的保险公司提供的保险产品应具备下列条件：首先是种类齐全，使投保人能按需要获得不同的保障；其次是市场竞争力要强；再次是产品的灵活性要高，体现在保险期间内保险费缴纳、赔款给付、附加功能等方面；最后是能量体裁衣，按照投保人的要求度身定做独有的保险组合计划，满足投保人更多的需求。

（3）了解保险公司发展前景。过去不代表未来，所以保险公司发展前景也是要考虑的，这首先看保险市场占有率，占有率越高，证明对未来市场的掌控能力越强。其次看是否经常有新产品推出，因为市场是在变化的，客户的需求也在随之改变，保险公司要发展，就必须不断地研发新产品并适时地将其推向市场，以满足客户不断变化的需求。

（4）了解保险公司偿付能力。保险公司的偿付能力是保障保险公司经营安全和投保人合法权益的最重要因素。偿付能力是指保险机构履行赔偿或给付责任的能力，也是保险机构资金力量与自身所承担的危险赔偿责任的比较。保险机构是经营风险的企业，必须随时准备应付各种风险事故的发生，这就要求保险公司必须拥有足够的资金积累和起码的偿付能力。偿付能力不足可能导致什么？首先是保险公司倒闭风险的发生，任何一家公司要想正常运营，都要做到负债和资产相匹配。对于保险公司来讲更是如此，未来可能发生多少赔款，就要有多少现金来支付。如果现金不能支付赔款，就是公司的偿付能力不足。特别是当公司偿付能力低于一定数目，然而风险事故又集中在一段时间内发生，公司无法在特定时间支付大笔赔款，保险公司就有可能倒闭。其次是客户向保险公司理赔难，偿付能力不足的保险公司在现金无法增多的情况下，就有可能在理赔环节上产生一些问题，如拖赔、惜赔和拒赔等。值得注意的是，偿付能力不是清偿能力，两者不能混淆。偿付能力不能简单地理解为公司当前的经营情况和财务状况，更不代表保险公司不能履行给付和赔付义务，但是它是一个信号，预示着该保险公司在未来经营上的风险。所以了解一家保险公司的偿付能力是非常重要的。

3. 谨慎选择保险代理人

优秀的保险代理人会提供切合实际的理财方案和长期完善的售后服务，所以在购买保险时一定要谨慎选择保险代理人，并且要注意：

（1）谨慎购买熟人保单。保险是一种特殊商品，只能根据自己的需要购买，千万不能出于情面购买保险，成为事实上的"鸡肋"保险。但是谨慎购买熟人保单并不是说不能买熟人的保单，如果这个熟人确实是非常优秀，在保险公司能长久工作下去，拥有良好的口碑，并能向你提供合理的保险建议，此时可以选择他为你提供保险服务并通过他购买保险。

（2）对"返佣"说"不！"返佣俗称回扣，是指保险代理人在销售保险的过程中，将自己佣金的一部分"让利"给客户的一种违法行为。有些素质低劣的保险代理人往往以返还佣金作为诱饵以达到完成自己的工作任务，或促使客户赶快成交的目标。但是，目前保险代理人的收入完全来自于佣金，如果大量佣金被返还给客户，那么这些代理人的实际收入必定远低于其他代理人。而客户享受的绝大部分售后服务，其成本实际上都是由保险代理人个人支付的。这样，返佣的代理人在售后服务上受经济因素影响，其售后服务品质必定大打折扣，这就导致了客户在获得返佣的同时，代理人也放弃了售后服务，最终受损害的是客户自己。实际上，返佣也是一种违规行为，扰乱了市场秩序。《保险代理人管理规定》第五十八条规定：保险代理人从事保险代理业务，不得擅自变更保险条款，提高或降低保险费率。当代理人向客户赤裸裸返佣时，实际上他是冒着被吊销从业资格的巨大风险，这本身就是一种对自己不负责任的行为，投保人难以指望他会对客户的保单设计与售后服务负责。所以，客户对这样的保险代理人要坚决地说"不！"应选择其他的保险代理人。

（3）频繁跳槽的保险代理人不要选。有些保险代理人会在从业期间频繁跳槽，在业内被称为"保险跳蚤"，对于这些保险代理人要敬而远之，因为这些人只顾自己的个人利益，不会为客户提供长久的优质的服务。然而保险理财是一项长期的计划，需要保险代理人提供长期有效的专业化服务，如果客户的保单失去这种服务，就像失去了母亲的孩子一样。

4. 理性投保

买保险、用保险进行理财是一件大事，切不可头脑发热，跟风购买。理性投保应从以下几个方面考虑：

（1）明确目标，选择保险产品理财。投保之前，请一定要搞清楚为什么要投保？要清楚地了解自己的保险需求。只有明确了目标和保险需求，才不会迷失方向，选择出适合的保险产品和组合方案。例如，一个没有医疗保险的人，他购买保险的目标就是先解决医疗费报销和患大病时的治疗费用问题，而不应是纯粹的投资理财。

（2）衡量个人、家庭价值，确定保额。保险不是买得越多越好，合适为佳。应该获得多少保险金额的保障以达到理财目的，是有一个标准的。这就需要衡量个人、家庭价值，明确财务状况（资产、负债等），然后再根据这些信息确定保险金额。

（3）衡量收入情况，设定保费支出额度和缴费期。在确定了保险金额后，就应该计算一下合理的保费支出额度，确定适合的保险缴费期，避免缴费风险的发生。

5. 明确保障顺序

在购买保险时首先要明确家庭成员先后保障顺序，其次是购买保险险种顺序。应该按照遵循家庭经济支柱——父母—子女及意外伤害保险—健康保险—投资理财保险的先后顺序进行购买，切莫颠倒。

6. 明确并核实保险利益与责任

保险合同是客户与保险公司约定权利与义务关系的协议。客户在签约前，一定要仔细阅读保险条款，明确保险责任、免除责任、应享有的保障权利，并对不清楚的条款要问清楚。还应对所有合同条款进行逐个审核，不实或有差错的要立即提出变更。对不合理的保险合同，客户有权提出拒签。即使是同一种类型的保险产品，由于提供服务的保险公司不同，它的保险责任和赔偿条件也不会一样，这也导致了保险费的差异，让我们看一下下面两种保险。

（1）大病保险。每家寿险公司都有自己的大病保险，但是各保险在病种的数量、所保疾病的种类、规定的观察期和赔付条件的规定上都不尽相同。在病种的数量方面从18种到40种不等；所保疾病的种类上有包含妇科的，也有包含男科的；在观察期的规定上有的保险公司是180天，有的是1年。在赔付条件上，对同一种病的赔付条件都不尽相同，以慢性肾衰竭为例，有的保险公司规定是"两个肾脏慢性且不可复原的衰竭，且必须接受定期透析治疗者"，有的则更加量化"两个肾脏慢性且不可复原的衰竭，且必须接受了为期半年以上的定期透析治疗"。

（2）分红保险。同样是分红保险，各家保险公司在产品设计上也有不同。有的公司分红保险只有分红责任和定期的寿险保障责任，而没有定期返还的责任，然而有的保险公司的分红保险这些功能都具备。但是有定期返还责任分红保险的返还额度不一样，有的是返还保额的5%，有的是返还保额的9%。

由此可见，如果客户未明确保险条款中的保险责任和赔偿条件就进行投保，将会影响到他的保险理赔、保险的投资收益和保险费用的支出。另外，值得注意的是有些保险公司在合同中注明了"本公司保留提高或降低保险费率之权利。保险费率的调整针对所有被保险人或同一投保年龄的所有被保险人。本公司进行保险费率调整后，投保人须按调整后的保险费率缴纳保险费。"对于购买这样的有霸王规定的保险还是应该谨慎为好。

7. 以平和心态运用保险理财

保险理财的回报在短期内可能不如其他的金融理财产品高，所以在运用保险进行理财时要做到心态平和，持之以恒。保险理财切忌心情急躁，好高骛远，在短期内因得不到高回报而选择退保，否则造成的资金损失将是巨大的。股神巴菲特从100美元起家，靠的是一股坚韧不拔的毅力，他整整用了40年的时间，成功在拥有了300亿美元的财富。他成功的秘密很简单，只是把"复利"的技巧运用得出神入化，而让"复利"发挥威力的正是漫长的岁月，要把"保险理财"视为一个家庭永久的事业，要有耐心，持之以恒。

8. 经受住诱惑，不购买"地下保单"

对从中国香港、澳门等地区过来推销保险的代理人敬而远之，做到"不闻、不看、不传、马上举报"。

(二) 保险公司的风险防范

(1) 保险公司要严格承保与核保管理，建立科学的核保规则，谨慎对承保对象进行选择。

(2) 保险公司面对市场竞争，应该科学地对保险产品进行定价，特别是在2006年1月1日起全面使用新的生命表以后，更应科学地对人寿保险的保费进行厘定。

(3) 各保险公司应加强行业自律，同时监管部门也应加大管理力度，双管齐下，防范风险的发生。

(4) 保险公司应建立科学的保险投资组合，以结构管理和比例控制为主要内容，加大保险投资监管力度，防范投资风险。

(5) 保险公司应调整保险产品结构，增加长期人寿保险的比例，化解由于产品结构不合理造成的保险公司现金流风险。

(三) 正确选择保险代理人

首先，要检查证件。当一位保险代理人出现在您面前的时候，一定要检查他的有效证件——保险代理从业人员展业证书（简称"展业证"）。因为"展业证"可以证明保险代理人的身份是否合法，及其目前在为哪家保险公司代理保险产品。通过展业证上所注明的"保险代理从业人员基本资格证书号码"，可以了解这个保险代理人的大概从业时间。例如，一个编号是20010201000000000×××，在这个编号上就可以看出他是在2001年获得了保险代理从业人员资格，以此可以推算出他大概的工作年限。工作时间越久，意味着他的工作经验越丰富，会给您提供更优质更长久的服务。通过当地保险监管部门的官方网站输入编号可以查询保险代理人身份真伪和违规纪录，如果发现这个保险代理人曾经有违规纪录，那最好就不要考虑了。

其次，仔细观察，电话咨询。在与保险代理人第一次洽谈时，要先观察一下保险代理人的言谈举止，通过着装是否得体，说话的语气与动作，脸上的表情等判断其基本素质。然后是通过保险代理人的自我介绍,了解一下他的从业经历和工作业绩。并且现在各家保险公司都有统一的服务电话,如中国人寿的95519,中国平安的95511,通过这些服务电话也可核实保险代理人的信息。优秀的保险代理人一般都是衣着得体,言谈间充满亲和力,并且面容上总是保持着微笑,思维敏捷,诚信且善于理解客户的想法,乐于帮助客户。

(四)倾听保险代理人的建议

保险是专家理财,虽然在有些人购买保险前已经明确了自己的需求和目标,但是却无法正确地选择出适合的产品,因为客户不是保险理财专家,这个工作必须由保险代理人来完成,他还帮助分析情况并指出认识上的盲区,给出合理的建议和可行的方案,协助客户用保险理财。这就如同一个人到医院看病,他可能知道自己应该挂哪科的号,选择哪个大夫,但他不知道自己得了哪方面的病,该吃什么药,吃多少最好,所以他需要大夫给他把脉开方。保险代理人在提供保险理财服务时都会结合客户的情况给出一份保险计划方案。客户不要把它丢在一边,建议和保险代理人共同研究一下方案的可行性,当面向保险代理人提出问题并由他解答,可以达到事半功倍的效果。

(五)正确选择保险产品

1. 大病保险

由于各家公司的大病保险在病种的数量、所保疾病的种类、规定的观察期和赔付条件都不尽相同,所以在选择上应注意所购买的大病保险中所保障的病种数量,还要注意该保险的保险保障期限。

病种数量并非越多越好,适用即可。不是保险合同上写明的病种越多,保障范围就越大,那是一个错觉。现在许多的病种只是某种疾病的细化,即将某一个病种一分为二或一分为三,所以购买一些覆盖面能达到70%～80%的大病保险就可以了,多了就是浪费,反而是多花钱少办事。例如,有一家保险公司的大病保险的保障责任里有一个是"医护人员于工作时间感染艾滋病(AIDS)或艾滋病病毒(HIV)",如果购买这个保险的不是一位医护人员,那他将得不到这个保障,然而他却支付了同样的保险费。所以购买大病保险没必要图全图新。另外,病种越多的大病保险所收取的保险费越高,然而买大病保险之类的保障性保险,应以最小投入获得最高的保障为原则,剩下的资金可以用于投资理财类保险。

合理选择保险的保险保障期限。对于成人或家庭的经济支柱,应尽量选择终身型的大病保险,以规避将来不知何时会发生的疾病风险。对于家庭中的未成年的孩子可选择定期型的大病保险,因为定期保险费用相对较低,结余下的资金可用于购买教育保险等。

2. 分红保险

有定期返还功能的分红保险适合家庭理财,因为不仅每年可以享受保险公司的红利,而且定期会有一定的资金补充家庭的各种开销。另外,购买分红保险一定要注意选择资金雄厚、经营稳健的保险公司。因为资金雄厚的保险公司可运用的资金多,随着投资渠道的逐步扩大,其投资收益也会随之增加,而小公司因为没有大量的可运用资金,其收益增长将会受限。另外,经营稳健的保险公司在管理上比较完善,市场生命力强,避免了经营风险,所以客户的利益不会受损。

3. 万能保险

由于万能寿险的保险费包括附加保费、危险保费和储蓄保费三部分。所以对于非常注意风险规避的人,就应该选择保障保费占比多的万能寿险产品;风险中性的投资者则可以选择同类产品中储蓄保费与保障保费比例适中的类型。另外，财力充裕的投资者可考虑选择趸交方式（一次交清保险费）。因为在分期交费方式下，保险公司会考虑后续期交费的时间价值和利率风险，必然相应增加后期的交费额度，这样就增加了投资者的投资成本。值得注意的是，保险公司对"万能险"的投资账户一般要收取初始费用和账户管理费等。只有当账户投资收益能够抵消上述费用后，投保人才能真正赚钱，所以客户一定要多向保险公司咨询这些费用的收取比例和合同约定的保证利率，了解死亡保险金和保单价值等的变动情况、投保人退保时保险公司要扣除的费用和投保人可退还份额等事项。客户在购买万能保险产品后，还应掌握自己的保单状况，及时缴纳保费，避免因保单现金价值不足而影响合同的效力。

4. 投资连接保险

由于投资连接保险的风险系数比较大，所以客户在购买投资连接类保险产品时，应重点了解该类产品投资收益与投资账户之间的关系、投资账户的情况、对投资账户收取的各项费用的情况、每个投资账户面临的主要风险和投保人在退保时保险公司要扣除的费用、可退还份额等事项。另外，随时电话查询或上网查询投资情况也是很重要的。因为此种保险风险比较大，所以不适合保守型的客户。

5. 附加险

在购买保险的时候一定别忘了购买附加险，因为它可以增加您的保险保障，弥补主险的不足。意外伤害保险、住院医疗保险等一般都为附加险。在选择附加险时最好选择那些有保证续保责任的附加险，另外费用也不能太高，否则不如去买一个有同样功能的主险。

（六）保险投保时应注意的其他问题

1. 认真填写投保单

客户在购买保险时，要亲自填写"投保单"。投保单上有关告知事项应如实告知，做到不隐瞒、不遗漏，以确保投保后的保障权益。我国《保险法》第十六条规定：订立保险合同，保险人应当向投保人说明保险合同的条款内容，并可以就保险标的或者被保险人的有关情况提出询问，投保人应当如实告知。投保人故意隐瞒事实，不履行如实告知义务的，或者因过失未履行如实告知义务足以影响保险人决定是否同意承保或者提高保险费率的，保险人有权解除保险合同。投保人故意不履行如实告知义务的，保险人对于保险合同解除前发生的保险事故，不承担赔偿或者给付保险金的责任，并不退还保险费。投保人因过失未履行如实告知义务，对保险事故的发生有严重影响的，保险人对于保险合同解除前发生的保险事故，不承担赔偿或者给付保险金的责任，但可以退还保险费。

2. 亲自签名

在填写完"投保单"后，不要忘记在投保单上"投保人（签章）"栏亲自签名或盖章，并请被保险人于"被保险人（签章）"栏亲自签名或盖章。如果被保险人是未成年人，"被保险人（签章）"栏由法定监护人代签。我国《保险法》第五十五条规定：以死亡为给付保险金条件的合同，未经被保险人书面同意并认可保险金额的，合同无效。

3. 认真阅读投保提示

2004年6月1日，北京保监局率全国之先在机动车辆保险和个人人身保险两个领域实施投保提示制度，此后全国相继实施此制度。投保提示制度的实施，目的是对广大消费者在购买保险时没有注意到或忽略的地方进行友善提示，维护自己的权益，所以客户在办理投保手续的同时，一定要求保险代理人出示投保提示并仔细阅读，对于以各种理由不出示投保提示的保险代理人,客户应马上停止办理手续,并选择其他的保险代理人。

4. 索取首期缴费收据

客户在保险公司未签发保险单前,连同投保单一起缴付首期保险费时,一定要向业务员索取保险公司出具的"保费暂收收据"或"保费收据"。为确保投保的权益,最好不要收取业务员以个人或任何他人的名义出具的收条。

5. 索取保单并认真审查保单内容

客户在收到保险单后,务必进行认真审核,包括保险金额、年缴保费、保险生效期、保险期限、责任免除、保险合同、投保人和被保险人的姓名等,发现错漏之处,要求业务员及时交保险公司更正。如确认保单无误,应填妥保单回执交业务员带回公司备案,以确保权益。

6. 善用契约撤销权

契约撤销权也称10日冷静期退保权,是指投保人在收到寿险保单之日起10天内,向保险公司申请退保险,保险公司将全额退还所收保险费的权利。为确保客户该项权利的顺利行使,客户在收到保险单时务必注意一定要填写保单回执,保险公司一般都是以回执上写明的日期作为收到保单的日期。

值得指出的是,投保人行使契约撤销权,是无条件的,但必须填写书面申请,口头申请无效。

复习思考题

一、填空题

1. 保险理财的原则有:(   )和(   )。
2. 分红保险具有(   )和(   )等功能。
3. 万能寿险的保险费包括(   )、(   )和(   )。
4. 保险理财的优势有(   )、(   )和(   )。

二、多选题

1. 以下保险中,属于保障型保险的有(   )。
   A. 意外伤害保险   B. 健康保险   C. 养老保险   D. 少儿保险
2. 保险资金的运用渠道有(   )。
   A. 国债市场   B. 基金投资   C. 参与股票买卖   D. 拆借市场
3. 健康保险种类有(   )。
   A. 意外伤害保险   B. 医疗保险   C. 收入保障保险   D. 重大疾病保险
4. 理财投资型保险主要有(   )。
   A. 分红保险   B. 投资连接保险   C. 健康保险   D. 万能保险
5. 投资连接保险资金可用于投资(   )。

A. 期权　　　　B. 期货　　　　C. 债券　　　　D. 证券投资基金

三、简答题

1. 保险公司经营过程中有哪些风险?
2. 客户如何化解保险理财带来的风险?

第七章

外汇投资理财

学习要点

【知识目标】 通过本章学习,掌握外汇与汇率的含义、外汇市场的特点等基础知识;懂得汇率的标价方式;了解外汇投资理财的风险与防范。

【技能目标】 能够运用基本面对汇率走势进行大致的预测。

近几年,国内理财市场上国内外各家商业银行纷纷推出了许多外汇理财产品,如"两得宝"、"两得利"、"汇得盈"、"汇利存款"、"资多星"、"聚金理财"、"富林理财"、"安心理财"、"金葵花"和"优利账户"等。每家银行在向客户介绍自己的产品时,都会强调选择该产品会获得如何高的收益。面对这些琳琅满目和诱人的外汇金融产品,有的人敬而远之、望而却步;有的人徘徊不定、无所适从。面对多家银行,钱落谁家举棋不定。要进行外汇理财,选择适合自己的外汇理财产品,需要掌握以下知识。

第一节 外汇的基础知识

一、外汇的含义

外汇,从动态讲,是指把一国货币兑换为另一国货币,以清偿国际间债务的金融活动的过程,即不同国家间的资金转换和支付。从静态讲,外汇是指以外币表示的、国际间公认的可用于国际间清偿债权债务关系的支付手段和工具。我们日常生活和本书所涉及的外汇概念主要是指静态外汇。我国 1996 年颁布的《外汇管理条例》第三条规定外汇的具体内容包括:① 外国货币,包括纸币和铸币。② 外币支付凭证,包括票据、银行的付款凭证、邮政储蓄凭证等。③ 外币有价证券,包括政府债券、公司债券和股票等。④ 特别提款权、欧洲货币单位。⑤ 其他以外币计值的资产。

二、汇率的含义

汇率又称汇价,是指一国货币以另一国货币表示的价格,或者说是两国货币间的比价。在外汇市场上,汇率是以 5 位数字来显示的。例如,欧元 EUR 0.9705,日元 JPY 119.95,英镑 GBP 1.5237,瑞士法郎 CHF 1.5003。

汇率的最小变化单位为一点,即最后一位数的一个数字变化。例如,欧元 EUR 0.0001,日元 JPY 0.01,英镑 GBP 0.0001,瑞士法郎 CHF 0.0001。

按国际惯例,通常用三个英文字母来表示货币的名称,以上中文名称后的英文即为该货币的英文代码。

三、外汇市场的特点

外汇市场是指从事外汇买卖的交易场所,或者说是各种不同货币相互之间进行交换的场所。

近年来,外汇市场之所以被越来越多的人青睐,成为国际上投资者的宠儿,这与外汇市场本身的特点密切相关。外汇市场的主要特点有以下方面。

(一) 有市无场

与交易所和交易市场不同,国际外汇交易没有固定的场所,外汇买卖是通过没有统一操作市场的行商网络进行的。外汇交易的网络是全球性的,并且形成了没有组织的组织,交易商也不具有任何组织的会员资格,但必须获得同行业的信任和认可。这种没有统一场地的外汇交易市场被称为"有市无场"。全球外汇市场每天有平均上万亿美元的交易。如此庞大的巨额资金,就是在这种既无集中的场所,又无中央清算系统的管制,也没政府监督的条件下完成清算和转移的。

(二) 24 小时交易

外汇市场又称"决不睡觉"的市场。外汇市场的主要交易产品和交易规则都是一致的,而全球各金融中心的地理位置不同,亚洲市场、欧洲市场和美洲市场因时间差的关系,连成了一个全天 24 小时连续作业的全球外汇市场。早上 8 点半(以纽约时间为准)纽约市场开市,9 点半芝加哥市场开市,10 点半旧金山市场开市,18 点半悉尼市场开市,19 点半东京市场开市,20 点半香港、新加坡市场开市,凌晨 2 点半法兰克福市场开市,3 点半伦敦市场开市,等等。如此 24 小时不间断运行,外汇市场成为一个不分昼夜的市场,只有星期六、星期日及各国重大节日,外汇市场才会关闭。这种连续作业,为投资者提供了没有时间和空间障碍的理想投资场所,投资者可以寻找最佳时机进行交易。比如,投资者若在上午纽约市场上买进日元,晚间香港市场开市后日元上扬,就可以在香港市场卖出。可见,不管投资者本人在哪里,都可以参与任何市场交易,在任何时间买卖。因此,外汇市场可以说是一个没有时间和空间障碍的市场。

(三) 零和游戏

在股票市场中,某支股票或者整个股市上升或者下降,那么该支股票的价值或者整个股票市场的股票价值也会上升或下降。然而,在外汇市场上,汇价的波动所表示的价值量的变化和股票的价值量的变化完全不一样,这是由于汇率是指两国货币的交换比率,汇率的变化也就是一种货币价值的减少与另一种货币价值的增加。比如,22 年前,1 美元兑换 360 日元,近些年,1 美元兑换 120 日元,这说明日元币值上升,而美元币值下降。但从总的价值量来说,变来变去,不会增加价值,也不会减少价值。因此,有人形容外汇交易是"零和游戏",更确切地说是财富的转移。近年来,投入外汇市场的资金越来越多,汇价波幅日益扩大,促使财富转移的规模也越来越大,速度也越来越快。以全球外汇每天 15 000 亿美元的交易额来计算,每天大量的资金要换新的主人。尽管外汇汇价变化很大,但是任何一种货币都不会变为废纸,即使某种货币不断下跌,它总会代表一定的价值,除非宣布废除该种货币。

四、外汇交易的原因

(一)贸易和投资

进出口商在进口商品时支付一种货币,而在出口商品时收取另一种货币。这意味着,他们在结清账目时,收付不同的货币。因此,他们需要将自己收到的部分货币兑换成可以用于购买商品的货币。例如,某企业需要从美国购买一批设备,规定的结算货币是美元,而该企业只有人民币,那么该企业就必须从外汇市场上买入美元来支付货款。

(二)对冲

由于两种相关货币之间汇率的波动,那些拥有国外资产(如工厂)的公司将这些资产折算成本国货币时,就可能遭受一些外汇风险。当以外币计算的国外资产在一段时间内价值不变时,如果汇率发生变化,以国内货币折算这项资产的价值时,就会产生损益。公司可以通过对冲消除这种潜在的损益。这就是执行一项外汇交易,其交易结果刚好抵消由汇率变动而产生的外币资产的损益。

(三)投机

两种货币之间的汇率会随着这两种货币之间供需的变化而变化。交易员在一个汇率上买进一种货币,而在另一个更有利的汇率上抛出该货币,就可以盈利。投机大约占了外汇市场交易的绝大部分。

外汇市场作为一个国际性的资本投机市场的历史,要比股票、黄金、期货、利息市场短得多,然而,它却以惊人的速度迅速发展。如今,外汇市场每天的交易额已达 15 000 亿美元,其规模已远远超过股票、期货等其他金融商品市场,成为当今全球最大的单一金融市场和投机市场。

自从外汇市场诞生以来,外汇市场的汇率波幅越来越大。1985 年 9 月,1 美元兑换 220 日元,而 1986 年 5 月,1 美元只能兑换 160 日元,在 8 个月里,日元升值了 27%。近几年,外汇市场的波幅就更大了,1992 年 9 月 8 日,1 英镑兑换 2.0100 美元;1992 年 11 月 10 日,1 英镑兑换 1.5080 美元,在短短的 2 个月里,英镑兑美元的汇价就下跌了 5000 多点,贬值 25%。不仅如此,目前,外汇市场上每天的汇率波幅也不断加大,一日涨跌 2%~3%已司空见惯。1992 年 9 月 16 日,英镑兑美元从 1.8755 下跌至 1.7850,英镑一日下挫 5%。

正因为外汇市场波动频繁且波幅巨大,给投资者创造了更多的机会,吸引了越来越多的投资者加入这一行列。

五、我国外汇交易市场的历史与现状

1992、1993 年,在我国大陆期货市场盲目发展的过程中,多家香港外汇经纪商未经批准到大陆开展外汇期货交易业务,吸引了大量国内企业和个人的参与。由于国内绝大多数参与者并不了解外汇市场和外汇交易,盲目的参与导致了大量的亏损,其中包括大量国有企业。1994 年 8 月,中国证监会等四部委联合发文,全面取缔外汇期货交易保证金。此后,管理部门对境内外汇保证金交易一直持否定和严厉打击的态度。1993 年年底,中国人民银行开始允许国内银行开展面向个人的实盘外汇买卖业务。至1999年,随着股票市场的规范,买卖股票的盈利空间大幅缩小,部分投资者开始进入外汇市场,国内外汇实盘买卖逐渐成为一种新兴的投资方式,进入快速发展阶段。据中央电视台报道,外汇买卖已经成为除股票之外最大的投资市场。

与国内股票市场相比,外汇市场要规范和成熟得多,外汇市场每天的交易量大约是国内股票市场交易量的1000倍,所以尽管在交易规则上不完全符合国际惯例,国内银行开办的个人实盘外汇买卖业务还是吸引了越来越多的参与者。

总体来看,国内绝大多数的外汇投资者参与的是国内银行的实盘交易,而保证金交易由于国内尚未开放,以及国家的外汇管制政策,国内投资者尚需待以时日。

第二节 外汇投资理财实务

一、汇率的标价方式

(一)普遍规则

国际市场普遍采取的标价方式为:基准货币/报价货币。基准货币即一定单位的货币,如1美元或100美元。报价货币即用来表示价格的货币。

在外汇市场上报价时,报价方采取双向报价方式,即提供买入价和卖出价。例如,某银行报价"GBP/USD 1.5850/1.5860"。两个数字之间的斜线是区别买入价和卖出价的符号。斜线左边的数字是报价方买入基准货币的价格即买入价,斜线右边的数字是报价方卖出基准货币的价格即卖出价(买入基准货币价格/卖出基准货币价格)。在这里英镑是基准货币,表示这家银行买入1英镑时,向客户支付1.5850美元;这家银行卖出1英镑时,向客户收取1.5860美元。

一项汇率通常有5位数字或6位数字(含小数位)。例如,EUR/USD 1.2919/1.2929 或 USD/JPY 108.10。又如,100英镑兑换1590.01元人民币。

(二)直接标价法和间接标价法

直接标价法是以一定单位(1、100、1000、10 000)的外国货币为标准来计算应付出多少单位本国货币。就相当于计算购买一定单位外币应付多少本币,所以又叫应付标价法。包括中国在内的世界上绝大多数国家目前都采用直接标价法。在国际外汇市场上,日元、瑞士法郎、加元等均为直接标价法,如日元兑美元汇率为115.15,通常写做"USD/RMB 115.15",即1美元兑115.15日元。在直接标价法下,若一定单位的外币折合的本币数额多于前期,则说明外币币值上升或本币币值下跌,叫做外汇汇率上升;反之,如果要用比原来较少的本币才能兑换到同一数额的外币,这说明外币币值下跌或本币币值上升,叫做外汇汇率下跌,即外币的价值与汇率的涨跌成正比。

间接标价法又称应收标价法,它是指以一定单位的本国货币为标准,来计算应收若干单位的外国货币的标价方法。在国际外汇市场上,欧元、英镑、澳元等均为间接标价法,如欧元兑美元的汇率为0.9905,通常写做"₡/$ 0.9905",即1欧元兑0.9905美元。在间接标价法中,本国货币的数额保持不变,外国货币的数额随着本国货币币值的对比变化而变动。如果一定数额的本币能兑换的外币数额比前期少,这表明外币币值上升,本币币值下降,即外汇汇率上升;反之,如果一定数额的本币能兑换的外币数额比前期多,则说明外币币值下降,本币币值上升,即外汇汇率下跌,外币的价值和汇率的升跌成反比。

外汇市场上的报价一般为双向报价,即由报价方同时报出自己的买入价和卖出价,由客户自行决定买卖方向。买入价和卖出价的价差越小,对于投资者来说意味着成本越小。银行间交易的报价点差正常为 2～3 点,银行(或交易商)向客户的报价点差依各家情况而有差别。目前国外保证金交易的报价点差基本在 3～5 点,我国香港地区在 6～8 点,国内银行实盘交易在 10～40 点不等。

即期汇率和远期汇率。即期汇率是指目前外汇买卖的汇率。远期汇率是指在将来的某一时刻交割的汇率,用于外汇远期交易。即期汇率和远期汇率通常是不一样的。例如,现在日元兑美元的汇率是 120.05,而 3 个月的远期汇率却可能为 130.50。这里 3 个月的远期汇率与 3 个月之后的即期汇率是不同的概念,前者是一种预期的汇率,而后者是 3 个月后的实际汇率。换句话说,即期汇率与远期汇率的不同,体现了预期到的汇率变化,而远期汇率与到期时即期汇率的不同,体现了没有被预期到的汇率变化。

二、汇率上升或下跌的计算

在国际外汇市场上,用汇率上涨或下跌来描述汇率变化。其上涨或下跌是针对一种货币兑另一种货币而言的,一种货币汇率上涨即该种货币升值(坚挺或走强),一种货币汇率下跌即该种货币贬值(疲软或走弱)。

货币贬值意味着一种货币只能兑换相对少的其他货币。货币升值意味着一种货币可以兑换相对多的其他货币。

贬值或升值是针对具体某种货币而言的。从本币与外币讲,在直接标价法下,本国货币量减少,表示外币贬值(即单位外币能兑换的本币减少),本币升值;反之,本国货币量增加,表示外币升值,本币贬值。

例如,2003 年 3 月 7 日,100 英镑兑人民币买入价 1 292.62 元。2005 年 3 月 23 日,100 英镑兑换人民币买入价 1 557.78 元。说明英镑升值了,即英镑可以兑换更多的人民币。而人民币贬值了,即更多的人民币兑换 100 英镑,或人民币兑换更少的英镑。意味着银行每买 100 英镑向客户支付的人民币比原来多了。

在间接标价法下,外国货币量减少,表示本币贬值,外币升值;反之,外国货币量增加,表示本币升值,外币贬值。如在伦敦外汇市场由 1 英镑=1.6086 美元,变为 1 英镑=1.5672 美元。表示英镑贬值,美元升值。

从基准货币与报价货币讲,如果基准货币的单位不变,报价货币的数值比原来的数值大,则表示基准货币升值,报价货币贬值;反之,基准货币的单位不变,报价货币的数值比原来的数值小,则表示基准货币贬值,报价货币升值。例如,2005 年 2 月 23 日,100 瑞士法郎兑人民币卖出价为 716.7,2005 年 3 月 23 日,100 瑞士法郎兑人民币卖出价为 698.18。作为基准货币的瑞士法郎贬值了,作为报价货币的人民币升值了。意味着银行卖出 100 瑞士法郎,收取客户的人民币比原来少了。同时,客户买入 100 瑞士法郎支付的人民币比原来少了。

知识窗 7-1 什么是外币旅行支票

外币旅行支票(traveler's check)是银行专供旅游者支付劳务费用而发行的一种支付凭证,是指境内商业银行代售的、由境外银行或专门金融机构印制、以发行机构作为最终付款人、以可自由兑换货币作为计价结算货币、有固定面额的票据。如美国运通公司发行的旅行支票面额通常为10、20、50、100和500美元。旅游者购买旅行支票时,填写购买申请书,写明姓名、住址、发行银行、金额以及各种面额的支票各需多少,并交验有关证件。购得支票后应在旅行支票上进行初签。兑现时,必须当着兑现代理人的面进行复签后支取现金。目前,我国银行代售的旅行支票币种有美元、日元、欧元、澳元、英镑、瑞士法郎和加元等。

三、汇率变化幅度的计算

(一)点子(基本点)

在外汇买卖中,通常用"点子"来表示买卖差价和汇率升降的变化幅度。汇率通常由5位或6位数组成。所谓点子(basis point 缩写 BP),又称点数、基本点,它是指汇率最后一位数的单位。最后一位数字的1个单位为1个基本点。通常一个点是0.0001,但也有例外。例如,2004年12月2日某家机构的汇评报道:"因英国公布了利好的经济数据,英镑被大幅拉升,兑美元升幅超过100个点,并突破了12年来的高点1.9219。欧元也突破1.33美元,再度创出历史新高"。又如,EUR/USD 从1.1032变为1.1045,称欧元兑美元上升了13点;USD/JPY 由118.74变化为117.63,称美元兑日元上升了111个点;100英镑兑人民币由1 590.89变化为1 590.81,称英镑下跌了8个点。

(二)百分比

汇率贬值的幅度可以通过变化前后的两个汇率计算出来:

$$基准货币对报价货币的汇率变化(\%)=(新汇率/旧汇率-1)\times 100\%$$
$$报价货币对基准货币的汇率变化(\%)=(旧汇率/新汇率-1)\times 100\%$$

依上述公式计算出来的结果为负,表示贬值;计算出来的结果为正,表示为升值。

案例材料 7-1 汇率变化幅度的计算

2003年1月20日 GBP/CNY 的汇率为 13.3530
2003年2月20日 GBP/CNY 的汇率为 13.2274
计算英镑兑人民币变化幅度为:$(13.2274/13.3530-1)\times 100\% = -0.94\%$
计算人民币兑英镑变化幅度为:$(13.3530/13.2274-1)\times 100\% = 0.95\%$

四、外汇交易的形式

外汇是伴随着国际贸易而产生的,外汇交易是国际间结算债权、债务关系的工具。但是,近十几年,外汇交易不仅在数量上成倍增长,而且在实质上也发生了重大的变化。外汇交易不仅是国际贸易的一种工具,而且已经成为国际上最重要的金融商品之一。外汇交易的形式也随着外汇交易性质的变化日趋多样化。

外汇交易主要可分为现钞、现货、合约现货、期货、期权和远期交易等。下面将介绍其中几种。

(一)现货外汇交易(实盘交易)

现货交易是大银行之间,以及大银行代理大客户之间的交易。买卖约定成交后,最迟在两个营业日之内完成资金收付交割。本书主要介绍国内银行面向个人推出的适于大众投资者参与的个人外汇交易。

个人外汇交易又称外汇宝,是指个人委托银行,参照国际外汇市场实时汇率,把一种外币买卖成另一种外币的交易行为。由于投资者必须持有足额的要卖出外币,才能进行交易,较国际上流行的外汇保证金交易缺少卖空机制和融资杠杆机制,因此也被称为实盘交易。

自从1993年12月上海的中国工商银行开始代理个人外汇买卖业务以来,随着我国居民个人外汇存款的大幅增长、新交易方式的引进以及投资环境的变化,个人外汇买卖业务迅速发展。目前已成为我国除股票以外最大的投资市场。

截至目前,工、农、中、建、交、招等多家银行都开展了个人外汇买卖业务。预计银行关于个人外汇买卖业务的竞争将越来越激烈,服务也将更加完善,外汇投资者将享受到更优质的服务。

国内的投资者,凭手中的外汇,到上述任何一家银行办理开户手续,存入资金,都可通过互联网、电话或柜台方式进行外汇买卖。

知识窗 7-2　伦敦同业拆借利率(LIBOR)

LIBOR是伦敦银行同业协会拆借利率(LONDON INTER BANK OFFER RATE)的英文缩写,是国际货币市场最重要的短期参考利率。同业拆借利率指银行同业之间的短期资金借贷利率。现在LIBOR已经作为国际金融市场中大多数浮动利率的基础利率。我国对外筹资成本也是在LIBOR利率的基础上加一定百分点。贷款协议中议定的LIBOR通常是由几家指定的参考银行,在规定的时间(一般是伦敦时间上午11:00)报价的平均利率。LIBOR的期限可分为隔夜、1周、2周、1个月、2个月、3个月、4个月、5个月、6个月、7个月、8个月、9个月、10个月、11个月和12个月等。最经常使用的是3个月和6个月的LIBOR。HIBOR利率是指中国香港同业拆借利率。

(二)合约现货外汇交易(保证金交易)

合约现货外汇交易又称外汇保证金交易,是指投资者和专业从事外汇买卖的金融公司如银行、交易商或经纪商,签订委托买卖外汇的合同,缴付一定比率(一般不超过10%)的交易保证金,便可按一定融资倍数买卖十万、几十万美元甚至上百万美元的外汇。因此,这种合约形式的买卖只是对某种外汇的某个价格作出书面或口头的承诺,然后等待价格出现上升或下跌时,再做买卖的结算,从变化的价差中获取利润,当然也承担了亏损的风险。由于这种投资所需的资金可多可少,所以近年来吸引了许多投资者的参与。

外汇投资以合约形式出现,主要的优点在于节省投资金额。以合约形式买卖外汇,投资额一般不高于合约金额的5%,而得到的利润或付出的亏损却是按整个合约的金额计算的。外汇合约的金额是根据外币的种类来确定的。具体来说,每一个合约的金额分别是 12 500 000 日元、62 500 英镑、125 000 欧元、125 000 瑞士法郎,每张合约的价值约为 10 万美元。每种货币的每个合约的金额是不能根据投资者的要求改变的。投资者可以根据自己定金或保证金的多少,买卖几个或几十个合约。一般情况下,投资者利用 1 000 美元的保证金就可以买卖一个合约,当外币上升或下降,投资者的盈利与亏损是按合约的金额即 10 万美元来计算的。

采取保证金形式买卖外汇特别要注意的是,保证金的金额虽小,但实际撬动的资金却十分庞大,而外汇汇价每日的波幅又很大,如果投资者在判断外汇走势方面出现失误,就很容易造成保证金的全军覆没。虽然高收益同时伴随着高风险,但如果投资者方法得当,风险是可以管理和控制的。

在合约现货外汇交易中,投资者还可能获得可观的利息收入。合约现货外汇的计息方法,不是以投资者实际的投资金额,而是以合约的金额计算的。

财息兼收并不意味着买卖任何一种外币都有利息可收,只有买高息外币才有利息的收入,而卖高息外币不仅没有利息收入,投资者还必须支付利息。由于各国的利息经常调整,因此不同时期不同货币的利息的支付或收取是不一样的,投资者要以从事外币交易的交易商公布的利息收取标准为依据。

合约现货外汇买卖的方法,既可以在低价时买入,待价格升高后再卖出,也可以在高价时卖出,等价格跌落后再买入。外汇的价格总是在波浪中攀升或下跌的。这种既可先买又可先卖的方法,不仅可在上升的行情中获利,也可以在下跌的行情中赚钱。投资者若能灵活运用这一方法,无论升市还是跌市都可以左右逢源。

(三) 外汇期货交易

外汇期货是一种规定在将来某一指定期限买进或者卖出事先规定金额的外币的外汇交易方式。外汇期货合约是以外汇作为交割物的标准化合约。它主要包括以下几个方面的内容:① 外汇期货合约的交易单位。每一份外汇期货合约都由交易所规定标准的交易单位,如美元期货合约的交易单位为每份 125 000 美元。② 交割时间。国际货币市场所有外汇期货合约的交割时间都是每年的 3、6、9、12 月。交割月的第三个星期三为该时期的交割日。③ 通用代号。在实际中,交易所和期货行情表都是用代号来表示外汇期货,而期货合约在交易时都以美元报价。④ 最小价格报价。在交易场内,经纪人都是以最小报价的倍数来进行竞价的,如果采用直接标价法,该最小报价通常为 1 个基点(1/10 000 美元)。⑤每日涨停板和跌停板限制。一般每日涨跌停板额的幅度约为 100～300 个基点。

目前,全球只有芝加哥交易所(CME)的国际货币市场(IMM)、新加坡国际货币交易所(SLMEX)和伦敦国际金融期货交易所(LIFFE)能提供标准的外汇期货合约。

知识窗 7-3　国际货币基金组织的储备头寸和特别提款权

国际货币基金组织(IMF)的储备头寸是指在国际货币基金组织普通账户中会员国可自由提取使用的资产。

特别提款权(SDRs)是国际货币基金组织于1969年9月创设的一种新的国际储备资产。它是由国际货币基金组织按照成员国缴纳的基金份额分配给成员国的一种使用资金的权利。它是一种记账货币单位,是一种无形货币,作为国际货币基金组织会员国的账面资产。特别提款权用于补充储备资产、清偿与国际货币基金组织之间的债务、缴纳份额、向国际货币基金组织捐款或贷款。但不能直接用于国际结算。

第三节　外汇投资理财的风险与防范

收益与风险同在,这是投资理财的一般规律。那么外汇理财存在哪些风险?我们如何防范这些风险?这些是本节所论述的内容。

一、外汇理财的特殊风险——汇率风险

(一)汇率风险的含义

汇率风险又称外汇风险。它是指一个经济实体或个人,在一定时期内以外币计价的资产与负债,因外汇汇率变化而引起其价值上涨或下跌的可能性。掌握汇率风险的含义要明确以下问题。

1. 汇率风险产生的原因

汇率风险产生的直接原因是汇率的变动(上升或下降)。

2. 构成汇率风险的要素

不同货币的兑换和时间是构成汇率风险的两个要素。由于进行不同货币的兑换,才有汇率的问题;由于未来时间收付外汇,才有汇率的变动问题。时间长短对汇率风险的大小有直接影响。时间越长,在此期间汇率变动的可能性就越大,汇率风险相对大;时间越短,在此期间汇率变动的可能性越小,汇率风险相对小。所以从时间越长,汇率风险越大的角度讲,汇率风险包括时间风险和价值风险两部分。改变时间结构,如缩短一笔外汇债权、债务的收取偿付的时间,可减少汇率风险,但不能消除价值风险,因为外币与本币折算的汇率变动(即价值风险)依然存在。

3. 受险部分

受险部分是指承受汇率风险的外币金额。

(二)汇率风险的种类及其表现

以风险的来源及其最终的影响程度为依据,汇率风险分为交易风险、会计折算风险和经济风险。

1. 交易风险

(1)交易风险是指一个经济实体或个人,由于外汇汇率波动而引起的应收资产与应付债务价值变化的风险。

(2)交易风险主要表现在以下方面(如表7-1所示):

表 7-1　　　　　　　　交易风险在外汇理财方面的主要表现

交 易 方	计价货币升值	计价货币贬值
应付方 空　头	受损 (换汇)成本增加	受益 (换汇)成本减少
应收方 多　头	受益 (换汇)成本减少	受损 (换汇)成本增加

A. 在货币兑换方面。例如,投资者将手中持有的人民币换成美元,然后购买理财产品。理财产品到期后,当投资者需要将美元汇兑回人民币时,人民币升值了,每一美元兑换的人民币数额减少了,投资者承担了汇率风险。

B. 在购买外汇理财产品方面,市场上还有一些与汇率挂钩并带有选择权收益的外汇理财产品。这些产品对于客户来讲,虽然有较大的收益,但是如果不能准确判断汇率的波动方向,使自己的收益下降,甚至还会因汇率的变动使自己手中的货币贬值,而遭受损失。例如,某些理财产品与汇率挂钩,在计息日协定一个汇率价格,以这个汇率价格为基准,如果到期日汇率波动在约定的范围内,那么客户就可以得到高的收益率,如果超出了约定的波动范围,那么客户获得的收益就比较少。本金也由于货币的贬值而受损。

C. 在外汇存款方面,投资者可能承担存款货币贬值给自己带来的损失。或者在通过存款利率高低获取利差时,如果汇率变化使低利率货币走强,高利率货币走弱,那么在获得利率差价的同时,有可能损失的汇率差价更多。

D. 在外汇头寸方面。外汇头寸是指在某个时点上以外币表示的债权(资产)和债务(负债)的差额。外汇头寸有多头、空头和平衡头寸三种状态:

多头(超买)是指当银行或投资者的外汇买入额大于卖出额时,出现持有额净增加,说明银行或投资者持有"长余的外币头寸"。这时存在外汇汇率下跌的风险。

空头(超卖)是指当银行或投资者的外汇卖出额大于买入额时,出现持有额净减少,说明银行或投资者持有"短缺的外币头寸"。这时存在外汇汇率上涨的风险。

平衡头寸(轧平)是指银行或投资者外汇买进和卖出的金额相等,说明银行或投资者持有"轧平的外币头寸"。这时银行的汇率风险为零。

银行或投资者处于多头,则无法盈利;银行或投资者处于空头,到期没有外汇支付。所以,经营外汇应采取"买卖平衡"的原则。

案例材料 7-2　　交易风险

案情:日本某银行在某年某日分别买入 1 月期 10 万美元和卖出同样期限的 8 万美元,当时美元兑日元汇率为 1∶100。若 1 个月后美元兑日元汇率为 1∶90 日元。该银行承担了什么风险?

分析:该银行处于美元的多头,银行要平衡头寸,卖出同样期限美元的多头的部分,若该银行不采取应对措施,1 个月后美元兑日元汇率下跌,卖出美元时,获得的日元数额相对少,则蒙受经济损失。该银行承担了交易风险。

结论:在外汇收付或办理外汇买卖交易时,如果对某种货币没有及时补进或抛出,留下风险敞口,就极容易遭受汇率风险造成的损失。

案例材料 7-3 交易风险

案情：某客户进行个人实盘外汇买卖交易的币种较多，有欧元兑美元，结果美元赚了，还有欧元兑日元，结果日元亏了。

分析：该客户处于美元的多头，日元空头。虽然投资者没有开美元兑日元的仓。而实际上这时利润却受美元兑日元的汇率影响。计算时，如果当时美元兑日元的汇率上升，按其汇率折算可能有盈利。如果当时美元兑日元汇率下跌，会使投资者利润减少，或者无利润，甚至为亏损。

结论：在外汇理财中，投资者要弄清自己所持有的外汇头寸。当某种外汇处于多头时，这种货币升值，对投资者有利；这种货币贬值，对投资者不利。当某种外汇处于空头时，这种货币升值，对投资者不利；这种货币贬值，对投资者有利。

2. 会计折算风险

（1）会计折算风险是指在一定时间和空间环境中，会计人员因提供的会计信息存在大量失误而导致损失的可能性。按照影响对象不同，会计折算风险可分为会计人员的责任风险、管理者的责任风险和会计信息使用者的损失风险。

（2）会计折算风险在外汇理财方面主要表现在交易发生日汇率同财务决算日汇率之间的差异，造成现金债权债务及其损益和分配上的利益不确定性。在外汇理财中，当投资者所交易的货币未平仓或购买的外汇理财产品未到期时，如果按市场上当时的汇率计算其盈亏都是账面上的。只有真正平仓或外汇理财产品到期后才是锁定利润，并且将其资金都兑换成原来投入的货币来计算盈亏。

3. 经济风险

（1）经济风险是指由于非预期外汇汇率发生波动，而引起的投资者未来一定时间内以本币衡量的收益减少的潜在性风险。经济风险是从投资整体上进行预测、规划和经济分析；经济风险的分析在很大程度上取决于投资者的预测能力，特别是预测汇率变动的能力，带有一定的动态性和主观性；经济风险直接影响投资者投资战略的决策。因此，经济风险所造成的损失比会计风险或交易风险更具重要性和严重性。

（2）经济风险在外汇理财方面的主要表现。对金融理财机构而言，其外汇理财的盈利不在于一种产品或一时的盈亏。汇率的变化时时发生，尤其是长期的外汇理财产品，有可能出现汇率意想不到的不利变化，这种潜在的风险，会导致金融理财机构整体的亏损。因此在设计外汇理财产品和外汇理财策划时，要从金融理财机构整体出发，规避经济风险。另外，金融理财机构对客户制订整个投资理财计划时应考虑经济风险这一因素。

对外汇理财客户而言，如果存款或购买的外汇理财产品涉及多币种、多渠道和多品种，尤其是长期的外汇理财产品，汇率可能发生意想不到的不利变化，会导致客户整体的亏损。

二、外汇理财其他风险的独特表现

外汇理财方面的风险除了上述的汇率风险之外，还存在市场风险、经营风险、利率风险、流动性风险、法律风险、信用风险、金融道德风险和隐性风险等类型。相对金融理财整体而言，金融理财风险的表现在外汇理财方面有其独特之处。

（一）市场风险

市场风险在外汇理财方面主要表现在：金融理财机构和外汇理财客户对市场利率、汇率、价格指数等变量因素反映的高敏感性与变动的高幅度性而产生的风险。

1. 对金融理财机构而言，市场风险的表现

综观各家银行的外汇理财产品，大都是以高收益作为卖点来吸引投资者。就目前各家银行的外汇理财品种与银行外汇存款利率以及净收益两相比较，外汇理财品种的实际收益有的比银行存款利息收入高许多。还有的金融理财机构承诺100%还本，一定时期内分红。但在目前银行储蓄存款利率还没有完全放开、不能混业经营的情况下，外汇理财品种这部分预定的"高收益"究竟从何而来？

一些外汇理财产品之所以能比一般性外汇存款取得更高收益，在于银行运用投资者这笔资金可在国际市场上进行投资，还可在国际市场利用同业拆借等工具获得更多的收益，也就是获得比银行存款利率更高的收入。具体来说，金融理财机构销售外汇理财产品后，将吸纳的资金拿到国际市场进行同业拆借、期权交易和购买美元债券等投资活动，每一期外汇理财产品所确定的收益率都是根据当时国际外汇市场的行情拟定的。所以，外汇理财产品收益与国际金融市场利率、汇率和价格指数等变量因素的走势密切相关。

金融理财机构进行外汇理财时，市场风险主要体现在国际金融市场行情与预测的不同所导致的风险。金融理财机构投资于国际金融市场，要求交易人员要研究主要货币国家的经济环境、财政政策、利率走势，还要把握国际政治局势的变化，准确地预测到未来利率、汇率、价格指数、石油价格、黄金价格等经济变量的走势，否则，金融机构的投资就会受损。一般来讲，市场的风险是由市场交易者承担的。在国际市场上，金融机构是交易者，那么所产生的风险应当是由金融机构来承担。

2. 对外汇理财客户而言，市场风险的表现

作为外汇理财客户个人，向金融理财机构购买外汇理财产品或签订外汇理财协议时，其交易的主体是该客户与某金融理财机构，而不是直接在国际金融市场交易。但客户所购买外汇理财产品或签订外汇理财协议又与国际金融市场息息相关，其收益的高低甚至本金的保障受国际金融市场的经济基本面、利率、资本市场、政治形势、战争、石油价格、政府干预和技术面等许多因素的影响。市场上还有一些与汇率、利率、价格和指数等经济变量挂钩的外汇理财产品。这些产品对于客户来讲，虽然有较大的收益，但是如果对这些经济变量判断失误，不仅会使其收益下降还会使其手中的货币贬值而遭受损失。

（二）经营风险

外汇理财中的经营风险是指由于金融理财机构或理财人员所作出的外汇理财经营、管理决策失误所引起的，由投资者承受的，总收益发生变动的可能性。

外汇理财中经营风险主要来自于许多方面。例如，来自于B股上市公司经营不善而导致该公司的亏损甚至破产。又如，外汇理财产品设计失误或老化过时，影响金融理财机构的产品销售，从而降低其收入，使外汇理财的经营陷于困境或遭受损失。

（三）利率风险

我国经济与国际经济的依存度、关联度现已十分密切，目前我国的外币利率形成机制正逐渐与国际金融市场接轨。国际金融市场本质特征则是利率变动频繁，国内的外币利率也将随之频繁变动。这给外汇理财的金融机构和客户都带来了相应的利率风险。

与利率挂钩的个人外汇理财产品利率的变化直接影响投资者的收益：如与 LIBOR 挂钩，根据落在观察区间内的天数来确定收益率。观察区间为 0～5%，最高收益 6%。如果整个收益期的波动在 5% 之内，就可以得到最高收益额，而一旦 LIBOR 波动超出 5%，并一路上升，可能会使投资者在以后的收益期中都一无所获。

外汇存款同样存在利率风险。由于定期存款的利率是以存入日利率来计算的，存款外币的利率上升，定期存款者则损失了利率上升部分的收益。由于各币种存款利率下调的时期不同并且在同一时期下调幅度也不同，对于存款外币下调幅度较大的利息收益小于存款外币下调幅度相对较小的利息收益。本外币存款利率调整的时期和幅度也不同，由此存在的本外币存款利率差异也带来了利率风险。

（四）流动性风险

对金融理财机构而言，金融衍生性的外汇理财产品在国际市场交易时存在无法在市场上找到出货或平仓机会的流动性风险。

对外汇理财客户而言，客户与金融理财机构签订的外汇远期理财产品合约的内容大多是由交易双方直接商定并到期实际交割，即所谓"度身定制"的，基本上没有流动性，一旦遇到急需融资或到期不能履约，也无法转售出去，流动性风险较大。

（五）法律风险

外汇理财中存在着法律风险，特别是具有金融衍生性的外汇理财产品更大。产生法律风险的主要原因有：由于有关外汇理财立法滞后、监管缺位、不尽完善；法规制定者对外汇理财的了解与熟悉程度不足或监管见解不尽相同；一些外汇理财产品的设计有意游离于法律管制的动因而使交易者的权益得不到法律的有效保护；有的外汇理财产品设计上存在许多缺陷或过于复杂，操作难度大，容易造成失误。例如，有些银行的外汇理财业务尚未得到银监部门批准，打"擦边球"。有些人为了获取高收益，选择这些不合法的金融理财机构或金融产品去储蓄、去投资（因这样的金融机构和金融产品往往收益较高），结果可能血本无归。

（六）信用风险

信用风险主要表现在外汇交易市场上。尤其是外汇远期理财产品，一旦一家银行或交易所倒闭或无法履约，便可能造成外汇资金流通不畅，引致一连串违约事件，进而形成"城门失火，殃及鱼池"的连锁反应，酿成区域性甚至全球性金融危机。

（七）金融道德风险

金融道德风险主要是指金融理财机构的道德风险。例如，有的金融理财机构通过扩大资产负债的规模来掩盖旧有的经营问题。有的金融机构为吸引公众存款或购买外汇理财产品，在营销外汇理财产品时保证"保本高收益"，而对其中的风险尽量淡化，误导投资者。中国银监会发布的《金融机构衍生产品交易业务管理暂行办法》中明确规定，金融机构不经审核批准，不得经营金融衍生产品，但目前有的银行还是涉嫌违规经营。

（八）隐性风险

1. 提前终止权的隐性风险

目前我国推出的许多个人外汇理财产品有提前中止权，对于提前终止权的设定主要有两种情况：一是金融机构在支付收益时可以提前终止该产品，客户没有提前终止产品协议的权利。客户如果想要提前终止产品协议，需缴纳一定的违约金。二是根据客户投资产品的金额大小，客户拥有提前赎回的权利。

2. 提前终止权的设定影响真实收益

(1) 金融机构会行使提前终止权。一般而言,银行拥有提前终止权的外汇理财产品收益率相对较高,但是只要收益率持续在利率浮动高端区间,银行一般就会提前终止。客户虽然享受到了较高的收益,但持有时间较短。如果国际金融市场汇率或利率等走势对金融机构不利,在风险发生或将要发生时,为防范风险,金融机构会行使提前终止权。这样,对投资者收益造成隐性损失。

(2) 客户拥有提前终止权。如果客户提前终止理财协议,客户也需付出一定的成本。即收益率相对较低,有的金融机构虽然给出的预期收益比较高,但是客户要付给赎回手续费。有的手续费比对应理财产品的收益率还高,如有的理财产品年收益率为 2.7%,而其提前赎回手续费则高达 3%。即使客户提前赎回不需缴手续费,也需要客户了解国际金融市场,具备相关的金融知识,把握好提前赎回的时机。

3. 保本投资的隐性风险

保本投资对于大多数保守型的投资者而言都是首选的。因为不少人认为保本投资没有风险,是只赚不赔的投资。保本投资是否真的没有风险?

(1) 保本投资未必保本。外汇理财保本投资产品的条款中规定投资者若未到期赎回产品,则不予保本。

(2) 不少保本投资产品规定不可提早赎回。这样,投资者放弃了自己资金在投资期内获取更高的投资回报的机会。

(3) 如果投资的货币并不是常用的货币,在需要将其兑换时,可能会因汇价之波幅而遭受损失。

(4) 保本投资在获得保本权利的同时,所能获取的收益却相对较低,收益甚至可能会少于相同投资期之定期存款所提供的回报。

4. 钞票的隐性风险

许多外汇理财者缺乏相应的鉴别外钞真伪的能力,而许多伪外钞已到了几乎可以假乱真的地步,没有一定的专业水平,有时很难甄别。

三、外汇理财风险的防范

(一) 金融理财机构外汇理财风险的防范

1. 金融理财机构将个人外汇理财风险的防范纳入本行业或单位的内控机制和风险管理体系之中

外汇理财产品的运行非常复杂,它是运用国际金融市场上丰富的金融工具对购买者的资金进行管理和运作,从而达到在适当承担风险的情况下提高收益的目的。外汇理财对于国内金融机构还是新兴业务,缺乏外汇理财风险防范制度。面对高风险的国际外汇市场和国内弹性汇率机制,金融理财机构要将个人外汇理财风险的防范纳入本行业或单位的内控机制和风险管理体系之中。各家金融理财机构,应根据自己的风险管理水平和业务战略,确定自己的风险容忍度和风险限额,设置风险监测指标,建立风险控制制度,尽快完善外汇风险管理体系。

2. 金融理财机构从高管层到操作层都要提高外汇风险意识以及对外汇风险的识别、计量、监测和控制能力

外汇理财风险的防范有较强的技术性,外汇风险无法计量,就无法管理,更做不到有效管理。

（二）投资者外汇理财风险的防范

1. 合理组合外汇资产，分散外汇理财风险

利用外汇资产的组合，降低外汇理财整体风险，提高外汇理财整体收益水平。投资者可以根据其所要求的投资回报、所能承受的风险、投资时间、对流动性的需求等进行外汇资产理财组合，自主地选择外汇理财方式和渠道，及时进行理财产品、风险、权重及期限的调整，以达到合理的理财组合和最大化回报率。

（1）利用各外汇理财渠道和方式的不同特点以及相互之间的联动性合理组合外汇资产。比如存款与股票是反向联动，如果投资者同时持有这两类外汇理财渠道，则有助于抵消整体风险。如当存款利率下调时，资金会涌向股市，造成股价上涨。这样，投资人在存款上的损失可以部分从股市上获得弥补。

例如，投资者手中有一定数量的外币，可根据不同的投资时机和投资需求，在外币储蓄存款、质押贷款、外汇交易这三种渠道之间作合理的变换与组合。防止单一方式获取收益的风险，最大限度地运用外币资金，取得更多的收益。

通过增加外汇资金理财渠道，降低理财风险，最终求得利润的最大化是外币组合投资的价值所在。

案例材料 7-4　外汇理财

案情：在 2001 年年初美联储开始举起降息大旗后，国内外币存款利率也开始了减息举措。周女士认为未来仍有降息可能性，不满足于简单存款的收益回报率，同时考虑到未来资金运用的需求，周女士希望能对 1 000 万美元进行 3 个月期限的资金管理，以有效提高资产收益率。

针对这种情况，银行理财客户经理根据当时汇率市场的情况为其设计了与美元/日元汇率挂钩的资金管理。当时美元兑日元汇率水平在 117 左右，初步突破了区间交易的形态，极有可能在短期内走出一波上攻态势。通过对日本国内经济和政治形势进行分析，客户经理与客户周女士达成共识，认为美元兑日元将有机会上探 125.50。据此，在 2001 年 2 月 9 日，银行给周女士提出以下建议：购买一种外汇理财结构存款的短线产品。其保底收益率为 3.20%（年率），另外约定如果在 3 个月存期内只要美元兑日元曾经触碰到 125.50 水平，将会得到 6.20%（年率）的收益率。

随着市场的发展，在 2001 年 3 月 30 日美元兑日元一举攻破 125.50 价位，这样，周女士得到了 6.20% 的投资回报率。

分析：在市场上普通 3 个月存款利率为 4.00% 左右时，通过此种理财方式，周女士获得了 6.20% 的收益率，远高于普通存款收益率。这主要是理财客户经理充分利用外汇市场的波动性，在风险得到充足保障的情况下（保底收益率 3.20%），放弃有限的现实利益（4.00%－3.20%＝0.80% 的差价），追求可能的、更高的收益率 6.20%。

结论：本案例的成功须基于投资者充分了解产品的结构，客观地分析汇市走势和合理地设定汇率水平。其意义在于投资者要根据自己的风险喜好和市场观点自主地进行投资品种、风险、权重及期限的调整，以达到最大化回报率。

（2）合理组合外汇理财期限。当预期某种外币利率下调时，选择期限较长的该种外币存款或外汇理财产品。当预期某种外币利率上调时，选择期限较短的该种外币存款或外汇理财

产品,以保持应付未来市场变化的灵活性。当外币利率调整较频繁,最好选择期限较短的存期或外汇理财产品,以便在利率上调时,以较少的利息损失转存为较长的期限取得更多的利息,或购买更多收益的外汇理财产品。当然也可采取部分长期、部分短期的办法,一旦利率变化,也能及时调整。当难以准确预测汇率的走势时,也可选择短期外汇理财产品。

(3) 合理组合币种。软硬货币搭配和多种货币组合,能够降低单一货币可能造成的投资理财风险。外币存款在币种方面,应以在存款货币汇率稳定的情况下,"择高(利率)弃低(利率)"为选择原则;但当人们对货币汇率走势难以准确判断时可采取软硬货币搭配和多种货币组合。多币种分摊风险,其前提是分清汇率和利率孰轻孰重。如将手中美元分摊到几种非美元货币上,尽管利息较高,但如美元汇率在此期间大幅上涨,相对其他非美元货币大幅贬值,此种情况下,即使拿到了较高的存款利息,但由于汇率的损失大于利息所得而得不偿失。如果美元汇率走低,相对其他非美元货币大幅升值,存有这些非美元货币起到了分摊风险的作用,长期看会有汇率、利率双重收益。

在进行个人外汇买卖时可以套换若干走势相对独立的币种,进行多币种组合。此降彼升,实现风险与收益的对冲,最终能保证外汇总资产无损失和收益率稳定增长,减少判断失误等因素造成的较大风险。

2. 根据利率变化选择不同类型的外汇理财产品

当预测利率与外汇理财产品利率会上升时,投资于浮动收益率的外汇理财产品;反之,投资于收益固定的理财产品,以规避利率风险。

3. 设立"止损"目标

"止损"在这里是指在外汇理财中,货币汇率变化对投资者不利时,为防止亏损过多而采取的止损措施。由于投资市场风险较高,为了避免万一投资失误带来的损失,应该确定"止损"价位,即当汇率跌至某个预定的价位,还可能下跌时,立即交易结清,限制损失的进一步扩大。例如,外币存期内,如果利率下调,而且汇率震荡趋降,并且短期内不会好转,则应果断提前支取,进行"止损",并将其兑换成其他硬货币(趋于升值的货币)存储,以避免造成更大的损失。又如买进种货币,同时卖出另一种货币,买进的货币汇率下跌时,为防止亏损过高而采取出仓止损。

4. 权衡本外币之间兑换的利弊

目前,人民币资本账户还不能自由兑换,如果将外币换成人民币,则不能再兑换成外币。同时,兑换外币银行要收取一定的费用,并且按"现钞买入价"买进,储户会有一定的损失。另外,到黑市兑换外币存入银行求保值也得不偿失,黑市外汇不但价格高,而且属违法交易。

投资者如果选择存款方式理财,是存入外币还是兑换成本币存入合算呢? 首先,要看外币与本币哪个利率更高。其次,要看汇率的走势。最后,根据投资者具体情况选择。

复 习 思 考 题

一、填空题

1. (　　)是指把一国货币兑换为另一国货币,以清偿国际间债务的金融活动的过程。

2. （　　）指一国货币以另一国货币表示的价格。
3. 汇率的标价方式可分为直接标价法和（　　）。
4. 在间接标价法下，外国货币量增加，表示本币（　　），外币（　　）。
5. 1美元＝6.8314人民币，属于（　　）标价方式。
6. 构成汇率风险的要素有（　　）和（　　）。

二、多选题

1. 汇率风险的来源及其最终的影响程度，可分为（　　）。
   A. 交易风险　　　B. 经济风险　　　C. 市场风险　　　D. 会计折算风险
2. 下列银行中，开展了个人外汇买卖业务的有（　　）。
   A. 中国农业银行　　B. 中国建设银行　　C. 招商银行　　D. 中国人民银行
3. 汇率风险产生的直接原因是（　　）。
   A. 汇率上升引起　B. 市场风险引起　C. 汇率下降引起　D. 时间差

三、简答题

1. 简述外汇市场的特点。
2. 投资者如何防范外汇理财风险？

第八章

房地产投资理财

学习要点

【知识目标】 掌握房地产投资的含义、类型、投资的目的;了解房地产投资的模式及策略;学习制定房地产投资计划;掌握房地产投资的风险分析和防范措施。

【技能目标】 能根据实际情况制订一个合理的房地产投资计划。

房地产的英文是"real estate",是针对房产和地产两类财产的合称。地产是指土地及其附着物,而房产则是指该片土地上的建筑物。界定房地产应把握它的三个内涵:房,即房屋建筑物;地,即土地;产,即财产权力。我国的土地为国有,开发商仅能购买土地的使用权,一般地市住宅占用土地的使用年限为 70 年,居民在取得了对"房"的财产权力的同时,并没有完全得到对"地"的财产权力,这就为房地产投资埋下了隐患。与其他的财产相比,房地产具有许多特点:往往不可移动,可以长期持有,价值较大且不易分割。最重要的一点是,其价值往往因位置不同而迥异。正是这些特性使得房地产投资理财独具特色。

第一节 房地产投资的基础知识

一、房地产投资的含义

房地产投资是指人们为了实现某种预定的目标,直接或间接对房地产的开发、经营、管理、服务和消费所进行的投资活动。房地产投资所涉及的领域有:土地开发、旧城改造、房屋建设、房地产经营和置业等。所以,这里的投资是预先垫付的资金(没有包括其他资源)。没有预先垫付,就谈不上资金回流和增值,就不能形成投资行为。预先垫付能否得到预期收益,取决于投资活动的质量,如果投资决策失误,就不可能得到预期效益,甚至会亏损。

二、房地产投资的类型

房地产投资有多种类型。

(一)直接投资与间接投资

房地产按投资形式的不同,可以分为直接投资和间接投资。

1. 直接投资

房地产直接投资是指投资者直接参与房地产开发或购买房地产的过程,并参与有关的管理工作,包括从购地开始的房地产开发投资和物业建成后的房地产置业投资两种形式。

(1)房地产开发投资。房地产开发投资是指投资者从购买土地使用权开始,经过项目策划、规划设计和施工建设等过程获得房地产商品,然后将其推向市场,转让给新的投资者或使用者,并通过转让过程收回投资、实现开发收益目标的投资活动。

房地产开发投资通常属于短期投资,它形成了房地产市场上的增量供给,开发投资的目的主要是赚取开发利润,风险较大但回报也比较丰厚。房地产开发投资者将建成后的房地产用于出租(写字楼、公寓、别墅、货仓等)或经营(酒店等)时,短期开发投资就转变成了长期置业投资。

(2)房地产置业投资。房地产置业投资是购置物业以满足自身生活居住或出租经营需要,并在不愿意持有该物业时获取转售收益的一种投资活动。置业投资的对象可以是开发后新建成的物业(市场上的增量房地产),也可以是房地产市场上的二手货(市场上的存量房地产)。这类投资的目的一般有三个:一是满足自身生活居住或生产经营的需要;二是作为投资将购入的物业出租给最终的使用者,获取较为稳定的经常性收入;三是将购入的物业暂时出租给使用者,待固定资产升值比较多时,将其推向市场,转让给新的投资者或使用者,并通过转让过程取得更大的资金收益。置业投资一般从长期投资的角度出发,可获得保值、增值、收益和消费四个方面的利益。

2. 间接投资

房地产间接投资主要是指将资金投入与房地产相关的证券市场的行为。房地产的间接投资者不需直接参与有关投资管理工作。具体形式包括:购买房地产开发投资企业的债券、股票,购买房地产投资信托基金和房地产抵押贷款证券等。

(1)购买房地产开发投资企业的债券、股票。为了降低融资成本,越来越多的大型房地产投资企业希望通过资本市场直接融资,以支持其开发投资计划。购买类似万科股票或其他房地产企业债券的投资者,也就分享了部分房地产投资收益,成为间接的房地产投资者。

(2)购买房地产投资信托基金。房地产投资信托基金(简称REITS)是采用公司拥有资产的形式,将被动的股东投资者的资金吸引到房地产中,以共同基金的方式购买、开发、管理和出售房地产资产的一种投资。

(3)购买住房抵押贷款证券。抵押贷款证券化,就是把金融机构所持有的个人住房抵押贷款转化为抵押贷款证券,然后通过出售证券融通资金的一种活动。购买证券的投资者也就成为房地产间接投资者。主要的做法是将银行所持有的个人住房抵押贷款汇集成抵押贷款集合,每个集合内贷款的期限、计息方式和还款条件大体一致,通过政府、银行、保险公司或担保公司等担保,转化为信用等级高的证券出售给投资者。购买抵押贷款证券的投资者可以间接地获取房地产投资的收益。

(二)地产投资、住宅房地产投资、商业房地产投资、工业房地产投资

房地产按投资用途的不同,可以分为地产投资、住宅房地产投资、商业房地产投资和工业房地产投资等。

1. 地产投资

地产投资是指单纯只投资于土地,利用土地的买卖差价和进行土地开发出售或出租经营来获取投资收益。

2. 住宅房地产投资

住宅房地产分为普通商品住宅、高档公寓和别墅等多种类型。住宅乃人类最基本的生存条件之一,故这种房地产的需求一般较为稳定。投资于住宅房地产,既可直接出售,也可进行租赁经营。由于住宅房地产的消费者多为分散的用户,故如何进行妥善的统一物业管理是住宅房地产投资中需处理的一个关键性问题。

3. 商业房地产投资

商业房地产投资对象包括写字楼、商场、旅馆、酒店和各种娱乐设施等,这类房地产主要以出租经营为主,收益较高,但同时承担的风险也较大。物业管理对于这类投资显得尤其重要,它是防范投资风险的主要手段。投资者对于区位的选择、房地产功能的设计、服务范围的确定、档次的选择、出租服务的完善应特别重视。

4. 工业房地产投资

进行工业房地产投资主要是兴建标准工业厂房和工业基础设施,其投资效果受国民经济状况影响较大,也受我国区域产业政策与工业区位的影响。工业厂房分为多种用途和特定用途两大类,后一种厂房投资风险较大。我国的工业房地产投资一般都需要政府在经济政策等各方面的支持,如用地审批、税收和招商引资等。

(三)出售型房地产项目投资、出租型房地产项目投资和混合型房地产项目投资

房地产按投资经营方式不同,可以分为出售型房地产项目投资、出租型房地产项目投资和混合型房地产项目投资等。

1. 出售型房地产项目投资

出售型房地产项目投资是以预售或开发完成后出售的方式得到收入回收开发资金,获取开发收益以达到盈利的目的。

2. 出租型房地产项目投资

出租型房地产项目投资是以预租或开发完成后出租的方式得到收入、回收开发资金,获取开发收益以达到盈利的目的。

3. 混合型房地产项目投资

混合型房地产项目投资是以预售、预租或开发完成后出售、出租、自营的各种组合方式得到收入、回收开发资金,获取开发收益以达到盈利的目的。

知识窗 8-1　房展会上教你如何看楼市

在房展会上,各家楼盘将展开同场竞技,一场"楼书"大战也将随之展开。消费者在浏览"楼书"的时候,千万不能被表象所迷惑。

"楼书"一般包括以下几方面内容:外观图;小区整体布局图;地理位置图;楼宇简介;房屋平面图;房屋主题结构;出售价格及附加条件(如代办按揭);配套设施和物业管理;等等。

购房者可以通过"楼书"有针对性地对房屋进行筛选。

(续上)

> 第一步,通过看外观图、小区整体布局图,购房者可以初步判断楼宇是单体建筑还是成片小区,是高档、中档还是低档,用途是居住、办公还是商住两用。
>
> 第二步,通过看地理位置图,购房者可以了解楼宇的具体位置,同时也估计房屋的大概价格。但购房者也要注意地理位置图是否是按照比例绘制的,若不按比例,将会对地点的选择形成误导。
>
> 第三步,通过房屋平面图,选择设计合理、适合购房者居住或办公的面积、房型。同时,一定要设法搞清楚房屋的实用率是多少。
>
> 第四步,通过以上三个步骤的筛选后,购房者划定的范围已基本确定。其他方面的内容可作为参考,然后再考虑小区的配套设施。
>
> 第五步,需要注意的是,购房人千万不要被花花绿绿的"楼书"所蒙蔽,应详细询问小区的绿化率是多少,这很重要。另外,还要向售楼人员了解社区的车位有多少,选居所应尽量离集中式停车场远一点。

三、房地产投资的目的

房地产投资的目的就是为了通过开发和经营等过程获取未来收益,而这未来收益的来源渠道是多样的,可以来自于租赁经营,也可以通过房地产融资得以实现,还可以用房地产免税项目抵补其他纳税收入所得到的收益,当然也可以是来自于房地产转售的净利润。这些未来的收益具体包括:现金流量收益和销售收益等。

(一)现金流量收益

现金流量收益是指拥有房地产的投资者因为经营房地产而获取的经营、租金收入中扣除各种支出后的余额。房地产投资者可凭借拥有房地产的权利,通过租赁经营,取得房地产的租金收入,同时也必须支付各种营运费用。房地产投资现金流量收益的大小主要取决于三个因素:房地产租金总额、房地产的总营运费用以及投资借款的偿还方式和数额。

(二)销售收益

房地产投资的销售收益是指房地产销售收入减去房地产开发经营成本之后的余额。它是房地产投资者在卖出房地产时,得到的房地产投资收益。在所有房地产投资收益中,销售收益是最大的。销售收益既可以来自于房地产开发投资,也可以来自于房地产置业投资。

对于房地产开发投资者来说,其投资的主要目的是获取销售开发利润,此时,销售收益就变成了销售利润。所以什么时候出售房地产、以什么价格出售房地产、什么时候获得销售利润,其时机非常重要。如果开发的时机不适宜,可能造成开发的房地产销售不出去,或者卖不上好价格,就会造成亏损。

对于房地产职业投资者来说,投资的主要目的是为了获取现金流量收益,也就是将投资购入的物业出租给最终的使用者,获取较为稳定的收入。这种投资的另一个特点是在投资者不愿意继续持有该项置业投资时,可以将其转售给另外的职业投资者,转售价格扣除相应的销售税和交易成本后就是销售收益。在置业者拥有房地产时,要想把现金流量收益转化为销售收益,应该在房地产产生现金流量收益的高峰期,或者在房地产已无法获得避税收入的时期。当然,如果房地产不具有产生现金流量收益的可能,或现金流量收益较小,房地产同样售不出好价格,也就不能产生较大的销售收益。

两种情况下的销售收益都是卖掉房地产所获得的收入,减除纳税和有关成本后的余额。所以要增加销售收益,重要的是在开发建设前期或购置房地产时,就注意房地产的地段和质量问题,这一点对房地产开发后的出售和置业后均转售有重要的意义。

四、房地产投资的保值和增值性

通货膨胀造成货币贬值,人们为了在今后相当长的时间内避免由于通货膨胀给自己带来的损失,必须寻求某种保值的方法。通常选择保值的方法主要有三种:一是选择购买金融资产,如股票、债券等;二是购置固定资产,如不动产和其他实物;三是选择储蓄。随着社会的发展、人口的增多、经济的繁荣,人们对土地的需求日益增长,房地产的价格呈不断上升趋势。从长远来看,最能保值而又最重要的实物就是房地产,故房地产投资是一种避免通货膨胀损失的最好的保值方法。此外,由于土地资源的不可再生性和稀缺性及房地产的耐用性和使用价值上的广泛性,随着经济的发展和人民生活水平的提高,人们对房地产需求的迫切性也日益增长,房地产价格根据市场经济规律不断上升。虽然房地产投资具有风险性,但与其他投资方式(如股票、债券投资等)相比,其风险相对要小得多。由于房地产具有上述一些特征,所以投资于房地产,是一种比较可靠的增值手段。

五、房地产投资要素

房地产投资既能带来巨大的收益,也具有极大的风险。没有一个投资者不想减少风险增多收益的,这样就形成了大家常说的房地产投资策略。当然,投资策略的形成是一个复杂的过程,它会依据投资项目、投资者的不同而有较大的差异,总体来讲,房地产投资必须具备以下三个要素。

(一)时机

房地产投资强调在适当的时间、合适的地点、对适当的物业类型投资,才能使收益最大化,同时使风险降至最低限度。适当的时间,即进行房地产投资的时机,它不仅表现在置业投资过程中,选择合适的时间购买物业、对物业进行装修甚至更新改造以及物业转售过程所需要的时间长短,更重要的是表现在开发投资过程中,选择合适的时间进入房地产市场。也就是说,时机的选择存在于房地产开发和经营的各个阶段。时机的掌握需要投资者具有多方面的知识,发挥个人的智慧,还有作为职业房地产投资专家的高度敏感性,因为每一个投资时机的到来,无不蕴涵在政治形势的变化、经济发展的趋势、人口的增减、收入水平的升降和消费心理的变化等各种信息之中。

(二)地段

房地产地段的选择,对房地产投资的成败起着至关重要的作用。房地产具有增值性,在很大程度上是因为土地在增值。掌握好投资时机,以便宜的低价买下土地,但却不能保证土地的增值潜力有多大。土地增值潜力的大小、利用效果的好坏程度都与地段有着密切的联系。增值潜力大的地段是房地产投资获利的首要条件,地价和投资资金是次要条件。

房地产地段不仅指其所处的地理位置,同时还包括其社会经济位置。其社会经济位置主要包括人口素质、教育水准、服务业水平、交通、通信和生活设施等。一个好的住宅区不仅景观优美、交通便利,而且也要求治安良好、教育和商业等服务设施齐全,住宅区内居民有比较一致的生活水准。就像一个好的购物中心旁边当然少不了居民区,或者是处在传统的商业中心;加油站要处于交通干道旁;停车场要靠近展览中心、会议大楼等。

从投资的角度讲,地段选择的思路,就是通过对经济和人口等方面的通盘把握,来预测地段的增值潜力和房屋建筑物所受到的影响。而且,在一定意义上,投资者也可考虑通过某种努力,提高某一地段的档次。认识到房地产本身的不可移动性,投资者在进行投资决策时,对未来地区环境的可能变化和某一种具体物业的考虑是并重的。通过对城市规划的分析,选择投资地点。

（三）质量

地段好是投资获利的良好条件,但能否带来好的投资效果,还要看地段上所开发的房地产质量如何。地段只是诱人的手段,而房地产质量则是留人的手段。

只有设计合理、结构坚固、施工精细和质地优良的房屋才能有效地实现地段的功能,给投资者带来可观的利润。

以上三个要素,无论是时机、地段还是质量,都应当用动态的观点来看待。时机是在时间的运动中产生的,地段的好坏也是可变的,质量的标准要结合档次与房屋用途,也不是越高越好。因此在遇到具体的房地产投资项目时,还要灵活运用,具体分析。

六、房地产投资的模式

当前,住房消费已成为城镇居民的首要选择。在住房消费的广阔市场中,住房投资应运而生,成为居民理财的投资渠道之一。如何选择适合自己经济状况的住房投资模式?

（一）直接购房

住房实物投资是直接投资,即投资者用现款或分期付款的方式直接向房主或房地产商购买住房,并适当装修。装修后,或出售、或出租以获取投资回报。这是一种传统的投资方式,也是住房投资者目前最常使用的一种方式。

（二）合建分成

合建分成就是寻找旧房,拆旧建新,共售分成。这种操作手法要求投资者对房地产整套业务相当精通。这种手法如果操作得当,可以玩"空手道"。目前,不少房地产开发公司也都采用这种方式开发房地产。

（三）以旧翻新

把旧楼买来或租赁,然后投入一笔钱进行装修,以提高该楼的附加值,最后装修一新的楼宇出售或转租,从中赚取利润,采用这种方式投资商品房时应注意：尽可能选地段好、易租售的旧楼,如在学校、集市附近的单身公寓极受欢迎。另外,在装修布局之前一定要结合地段经营状况以及房屋建筑结构,确定装修之后楼宇的使用性质以及目标顾客,切忌盲目。

（四）以租养租

以租养租就是长期租赁低价楼宇,然后不断提升租金标准的方式分期转租,从中赚取租金差价。以租养租这种操作手法又叫当"二房东"。有些投资人,将租来的房地产转租,获利相当丰厚。如果投资者刚开始做房地产生意,资金严重不足,这种投资比较合适。

（五）以房换房

以房换房就是以洞察先机为前提,看准一处极具升值潜力的房产,在别人尚未意识到之前,以优厚条件采取以房换房的方式获取房产,待时机成熟再予以转售或出租,从中获利。一般是换取门面房或即将要动迁的房产。在操作中要注意,获取的规划信息一定准确和保密。

(六)以租代购

以租代购就是指开发商将空置待售的商品房出租并与租户签订购租合同,若租户在合同约定的期限内购买该房,开发商即以出租时所定的房价将该房出售给租户,所付租金可充抵部分购房款。待租住户交足余额后,即可获得该房的完全产权。

第二节　房地产投资理财实务

一、审阅售屋广告策略——冷眼慎观、去伪取真

首次购房者,千万不可被广告词所迷惑,审阅房屋销售广告时一定要冷静。作为投资人,既不能无视售房广告,尤其是预售房;也不能目眩于售房广告的华美文词,被其左右,而应该冷眼慎观,去伪取真。

(一)投资人要明白一般商业售屋广告所惯用的招数

1. 放大的平面设计图

放大的平面设计图往往会使投资人由于视觉上的良好感受而产生判断上的误区。

2. 便利的交通

售房广告中所讲的从某花园小区到商业中心、菜市场、学校或医院的路是直线距离,但现实中的路程并非如此。

3. 虚晃一招的公共设施

建筑商或房屋销售公司常常把市政规划中临近该花园小区的公共设施投资列入其销售广告内容之中,由于建筑公司等并非这些公共设施的投资主体,因此根本无法保证按期兑现。

4. "同级别"的建材

不少商家在广告中会打出用和某某新型材料同级别的建材来建造房屋,以招揽顾客,但在建材的最终使用上会大打折扣。

5. 限时抢购

售房广告中往往用限制某个时间段给予某种优惠政策来吸引投资人,而且一般时间段会较短,人们受优惠政策的吸引,会仓促作出购买的决定,等发现某些问题时为时已晚。

(二)从售房广告中,投资人要能判断出房屋的格调、面积构成和设计等是否符合自己的需要

1. 房屋的进深、开间和层高三个指标构成房屋的三维空间

房屋的进深(长度,通俗来讲就是从入门处的墙皮到后墙皮之间的实际距离)、开间(房屋内一自然间的宽度)和层高三个指标构成房屋的三维空间。进深和开间在设计上都有较严格的要求。一般规定:房屋的进深不得超过 5 米,开间不得超过 7 米。合理的进深可以保证建成的房屋具有良好的自然采光和通风效果。因为在高度和宽度确定的前提下,设计的房屋进深过大,就使房屋成为狭长形,距离门窗较远的室内空间自然光线不足。而规定一个较小的开间尺度,不同地区或不同历史文化背景下有所不同,但一般以不超过 3 米为宜。对于投资者来

说,售房广告上的这些指标是确定房屋格局的重要因素。一般而言,房屋的三维空间尺度越大,人们可获得的使用、居住空间越大,建筑工艺就越复杂,建筑成本也就越高。

2. 房屋出售是按建筑面积计算每平方米的售价

消费者所关心的是房屋的使用面积和居住面积。往往标明120平方米的房子实际使用面积只有80平方米左右。作为投资人,要从售房广告内详列的各种面积中计算出实际可用面积的大小及每平方米的单价,作为个人投资决策的依据。

3. 房屋设计的好坏与居家品质休戚相关

投资人审阅售房广告时下列因素务必考虑:一是房屋的朝向。如住宅小区的楼房有若干栋,朝向必有所不同,售房广告对此应有所反映。二是房屋的形式。房屋的形式以双拼式、前后通风采光良好、隐蔽性较高者为佳,连栋式则次之,至于有天井者缺点较多,应尽量避免(随着房地产二级市场的启动,一些有天井的旧房上市势在必行)。三是每层户数以两户为最佳。若户数过多,往往会因为过于嘈杂而降低居家格调,而且人际关系难处。作为投资人,如果目眩于商家华美的广告文辞、陶醉于预售卖场声光灿烂的促销活动,而丧失理性的判断能力,极易冒很大风险。结果,在买房后才发现房屋与广告宣传有天壤之别,但悔之晚矣。况且,这些广告宣传的花销都要转嫁到房屋价格上,最终吃亏的还是购房者自己。

二、掌握购进时机策略——逢低进场,长期持有

对于个人投资者来说,何时买进是关键的投资策略。就购进时机而言,不外乎于房产景气时进场或房产低迷时进场两种。

(一)房产景气时进场

在经济景气成长稳定、货币供给额急速扩增、通货膨胀或个人所得大幅度增加时,房地产市场需求增加,相应房地产增值幅度亦较大,投资人在房市中的一买一卖交易速度相应加快,此时是短线投资的良机。投资人若想抢短线、赚差价,便可在此时进场。可是,在这种时候,虽然投资报酬率较高,但风险也较大。原因是上述景气指标反应到房地产市场需要一段时间,况且投资人个个都会依此原则去操作,人人看涨,需求增加,同时,卖方姿态会跟着抬高,在市场一片惜售声中,投资人投资成本跟着增加。除非是市场敏锐度极好的投资者,在房市一有较好的征兆即提早投入,否则对于生手,或是经验不足的投资人,大概只能掌握到后半波段的行情,可能最终落个"买高卖高"的结局。

(二)房市低迷时进场

判定何时市场不景气一般可依据如下因素:销售率持续下降,售房广告以理性诉求取代感性诉求,如强调价格、环境、地段等;议价空间变大,并有明显降价行为,如一再宣称是最低价;以超高额贷款为诉求或赠送高价赠品等特别的行销方法;建筑工地气球广告增多,但来客却逐渐减少;房屋售价直接打折或直接售予建筑公司员工;政府有关房地产的交易税收呈负增长。上述现象显示房市交易处于萎靡不振之中,投资人在此房价跌入谷底之际逢低进场,往往可以讨得便宜。

三、地段选择策略——重在预期增值潜力

个人房地产投资,选对了地点,不论是旧房子,或是小面积、小格局的房子定能发挥最大的经济效益,不受景气影响,稳健成长。

地段选择重在预期未来的增值潜力。房地产具有增值性,在很大程度上是因为土地在增值,而土地增值潜力的大小、利用效果的好坏程度,都与所处的地段有关系。预期增值潜力大的地段是房地产投资获利的首要条件,这种预期通常来自对城市发展和人口发展趋势的通盘掌握,往往依赖于投资人丰富的资历、锐利的眼光,这需要充分了解该地段当前的用途、现状、未来发展和变更的可能性。在此基础上,作出正确的判断。作为投资者个人,需要经常收集近期有关上述考量的各种信息,以增强个人预期的准确性。至于所选地段的现时优劣性,投资者个人则可依据治安状况、交通条件、地区分布和文教休闲场所的设置及其附带的增值潜力等方面作出判断。

四、把握质量策略——涨时顺势,跌时重质

有了良好的地段,还要有优良的质量才能带来好的投资效果。只有设计新颖、结构严谨、材料优良和施工精细的房屋才能有效地实现卓越地段的功能,为投资者带来高额的投资利润。

为确保购置房屋的质量,投资人需要注意下述三个问题。

（一）了解建筑商的信誉

投资人需事先查询建筑公司的业绩和过去所兴建房屋的质量,了解是否有官司纠纷和购房纠纷,以及建筑公司的财务状况和企业形象等,这些均可作为保障房屋质量的依据,以加强购房的安全性。

（二）了解建筑商的建房特点

假若投资人要买一个小区的房子,如果有数批,一般第一、第二批质量会较好,以后可能就较差了。另外,如果在同一个工地上,有两栋面对面的楼房,那么多半第一栋会盖得比较好,因为卖方希望第二栋的客户由于看中第一栋而来购买。

（三）看房子

假若投资预售房,投资人最好在施工的各主要阶段去工地察看,或者由全体投资人组成一个投资人委员会,共同委托一个或几个熟悉房地产的投资人,亦可聘请投资人以外的房地产专业人员,代表全体投资者定期去工地察看、监督,以掌握施工过程中的实际情况。假若投资现房,最好去看两次:一次选雨天去(尤其是连绵雨天),可确知房屋会不会漏水;另一次选晴天去看(尤其是大热天),可确知房屋通风、采光效果如何。特别是购买工地上的余屋,投资人更需仔细审视,以免未来花一大笔费用装修或影响二次转手。

五、举债置产策略——四两拨千斤

当投资报酬率大于利息支付时,举债置产相当有利,如果投资人能掌握时机,抢得先机,在房价上涨前购置,一旦房价上涨,负债的本金和利息的实际货币价值将相对降低;当投资报酬率小于利息支付时,应考虑是否能平衡,是否能承受利息支出所造成的额外负担,而在有利时刻弥补损失。投资人通过分析经济发展、通货膨胀与土地供需关系等,作出正确的判断。

在运用举债置产策略时,投资人需做好如下三项工作。

（一）做好财务计划

财务计划对投资决策的影响甚为重要,是投资成功的先决条件。在房地产行情持续攀升

时，只要大胆抢进，就算是超过自己负担能力的大幅信用扩张，也能在短期中获利。但在房市走低、交易速度缓慢时，过度的信用扩张、财务杠杆操作可能使得投资人的财务负担过重，严重的会造成资金周转不灵的现象。因此，在房市低迷期进场，投资人的财务评估应采取保守的方式进行。

（1）投资人需搞清自己家庭的资产运用情况，目前已累计的财富金额以及本身可运用且不影响家计的资金数量（"闲钱"），然后确定一个合适的投资比例（即这笔"闲钱"多少投入房产购房，多少用于预留作为风险准备金，多少运用于其他投资工具以分摊风险）。

（2）自有资金实在微不足道时，可应用"资产负债表"管理负债，大致掌握自备款不够的部分有多少，以及未来需承担多少额度的购房贷款。

（3）投资人有了上述资金数据后，即可以此作为投资预算的标准，然后再列出现金流量表，知晓家庭的收入、开支后，即可算出能够负担的购房利息支出，以寻找自己能力所及的房地产投资标的。作为投资人，必须把未来利息支出控制在财务负担能力极限之内。例如，自备款3万元且月收入达2 000元以上的投资人，负担10万元左右的房屋贷款应不成问题。

（二）争取高额低息房贷和较轻松的付款方式

在通常情况下，投资人不要将所有现金都投入投资标的中，而应尽量争取或选择附有较高房贷额度且低息的投资标的。同时，还应争取较为轻松的付款方式，如分期摊付本息或期满前只付利息，本金待期满时再全额偿还等。投资人应根据自己的经济能力和偿还能力来选择适当的偿还方式，才不致增加不必要的经济负担，影响生活质量。

（三）开源节流，积极敛财偿债

1. 到银行开立定期存款账户，强迫储蓄

将每月薪水的一部分存入账户中，慢慢积累，这是节流的第一步。接下来改变消费习惯，舍弃过去看电影、跳舞、喝酒、打保龄球和下馆子等消费习惯，改成在家吃饭、慢跑、游泳、看书报等较便宜的消费和休闲习惯。

2. 从亲朋好友中借钱投资或周转

从亲朋好友中借钱投资，这部分债务往往为无息资金，不失为一种"开源"之佳径，汇流成河，聚沙成塔。

3. 创造收入，开辟薪水以外的财路

开辟薪水以外的财路，最普遍的方式是兼职，下班后另找一份夜间兼职的工作，不失为创造财富的简易方式。只要勤快，肯努力，增加收入并不难。

六、议价压价策略——知己知彼，随机应变

投资人对所购房屋进行合理的压价，是投资胜败的关键之一。投资者在进行议价、压价前，先要对欲购房屋进行充分的了解，做到知己知彼，在议价、压价过程中随机应变，方可讨得一个较便宜的价格。

（一）知己

投资人如果不懂得议价、压价的时机和技巧，也不可能在交易中讨得好处，知彼先要知己，这个知己就是议价、压价的技巧和方法。房产买卖中常用的议价、压价方法概括为以下十三种，仅供投资人参考：

(1) 人情关系。投资人可透过与卖方有交情的关系,争取优惠价格。

(2) 暴露缺点。投资人在购房谈价时不必过分客气,应指出所购房屋存在的不足之处,此时需充分发挥你挑毛病、找不足和吹毛求疵的本领,以迫使卖方降价。运用此法一定要切记"只讲缺点,别提优点"。对所看的房屋,即使心里感到满意,也要表示出不喜欢的种种理由。

(3) 货比三家。投资人通过寻找邻近、同时期的区域作行情比较,依此作为当时有力的佐证,以争取议价空间。对于推出市场已久而未能出手的房屋,通过提供同类房屋廉价出售的例证,使卖方对自己所开的高价失去信心。

(4) 拖延战术。在卖方急欲脱手时,可采取拖延战术,如此投资人在房价的谈判上必然处于有利地位。

(5) 迂回战术。投资人利用第三者出面与卖方洽谈,连续多人分别进行压价,并将每次压价结果进行比较分析,从而得出卖方所能接受的低价标准。

(6) 漫天出价。投资人要"狠",出价一定要在估算的目标之下,在不设限的谈判原则下,逐渐商议出双方的均衡点。

(7) 益中求利。投资人若对某物件情有独钟,却遇到死硬派的卖方,则可另辟战场,间接要求如家电或装潢设备的赠送,或是税费的减免,往往能够奏效。

(8) 以退为进。投资人议价最忌见猎心喜,在卖方已掉入自己容忍范围的紧要关头,急于求成时,来个以退为进,可再争取额外优惠的利益。

(9) 黑白双簧。谈判钻入死胡同中最易破裂,投资人不妨兼备一个扮黑脸、另一个扮白脸,黑脸嫌弃地段、格局、采光、通风、建材及坐向等,白脸则适时打个圆场,展开价格的拉锯战。

(10) 假面示人。投资者可以假装是代远方亲朋购房,这样提出压价不易使卖方生厌,或者告诉卖方你有合伙人拟共同投资,须与合伙人协商,这样可以给卖方一些心理上的压力,以达到压价的目的。

(11) 哀兵必胜。谈价时切不可以精明的投资人面目示人,投资者用低姿态表明自己的有限财力及购买诚意,反而易博取同情,争取优待价格或轻松的付款方式。

(12) 以量制价。对出售的房屋非单一物价的,投资人可联合各路人马采取联合采购策略,以量求胜。

(13) 沉默是金。在房产交易中,投资人应尽量做到多看多听少开口,不可轻易开价、还价,此时讲究的是"沉默是金,雄辩是银"。切记:在房产买卖中,谁先开口,谁往往就是输家。

(二) 知彼

投资人应了解以下因素:

(1) 出售的房屋是"开低走高型"还是"开高走低型"。

(2) 房屋已推出市场多久,推出甚久尚未售出的房屋应充分了解影响该房出售的原因。

(3) 有多少人在该房屋上出过价,出价多少。

(4) 出售者附带的条件。

(5) 若非新屋,出售者买进该房已有几年,当时买价多少,了解房屋当时的买价和现在的增值幅度,再了解时价多少,以便心里有个计算标准;出售者当时买房为何目的,现在又为什么要卖房;该房出售者当时买进之后进行了哪些装修和改进,费用多少;充分了解卖方的心理,卖房的缓急程度等。

了解以上这些情况主要是为议价、压价提供依据,以便使自己的压价易于被卖方所接受。

第三节 房地产投资的风险与防范

一、房地产投资的风险分析

（一）房地产投资风险的概念

房地产投资风险是指从事房地产投资而造成损失的可能性大小的风险，这种损失包括所投入资本的损失与预期收益未达到的损失。换句话说，房地产投资风险是指房地产投资过程中，某种低于预期利润，特别是导致投资损失的可能性。它与其他一切投资一样都存在风险，特别是由于房地产投资价值量大、周期长、位置的不可移动及市场竞争不充分等特点，使房地产投资的风险程度更高。

（二）房地产投资风险的具体形式

（1）高价买进的房地产，由于种种原因只能以较低的价格卖出。

（2）尽管卖出价高于买入价，但是卖出价低于预期价格。

（3）垫支于房地产商品的货币资金由于某种原因遭受损失，投入的资金没有按期收回，或不能收回。

（4）由于财务等方面的原因，在违背自己意愿的情况下抛售房地产。

（三）房地产投资风险的特征

房地产投资风险的特征是房地产投资风险的本质及其规律的表现。正确认识房地产投资风险的特征，对于建立和完善风险控制和管理机制，减少风险损失，降低风险发生的可能性，提高房地产投资活动的效率是具有重要意义的。

1. 客观性

房地产投资风险的客观性是说房地产投资的风险是客观存在的，它不以个人意志为转移。这是因为引起投资风险的各种不确定因素是客观存在的，如自然灾害风险、通货膨胀风险、市场供求风险、周期风险、利率风险、政策性风险和政治风险等。进行房地产投资，注定要与外界经济、政治环境等发生联系。作为一种重要的商品，必然成为国家宏观经济调控的重要目标。投资者可以加强投资的内部管理，却无法排除外界对投资的影响。

2. 多样性

从纵向上看，房地产投资是一项繁杂的系统工程。不仅开发公司内部对市场分析、项目决策、选址、购买土地、设计施工、监督验收、财务控制、宣传销售和物业管理等需要协调统一，还要有外部的"天时、地利、人和"，一招失误就可能满盘皆输。从横向上看，房地产投资涉及面广，与政策法规、金融动向、宏观经济形势、区域供求现状、产业技术变革、需求方消费倾向等息息相关，易受各因素波动的影响，不同因素导致的风险也多种多样。

3. 补偿性

由于房地产投资的风险较高，投资者一般会要求在收益中对所承担的风险进行补偿，也称为风险溢价或风险回报。通常来说，风险大，收益也高，风险与收益并存就是指房地产风险对于房地产投资不仅仅只有负面的影响。如果能正确认识并且充分利用风险，可能还会使收益有很大程度的增加。所以,面对风险不应该消极预防,更不应惧怕,有时可以将风险当作一种机会,积极面对。

4. 可测性

风险具有一定的不确定性,但这种不确定性并不是指对客观事物的全然无知。人们可以根据以往发生的一系列类似事件的统计资料,经过分析,对某种投资风险发生的频率及其造成的经济损失程度作出主观上的判断,从而对可能发生的风险进行预测和衡量。风险的测量过程就是对风险的分析过程,它对风险的控制与防范、决策与管理具有举足轻重的作用。

(四)房地产投资风险的主要类型

1. 自然风险与意外风险

自然风险是指由于人们对自然力失去控制或自然本身发生异常所造成的损失。如雷电、风暴、火、地震和洪水等自然灾害的发生,会给房地产带来很大的破坏性,给房地产所有者带来极大的伤害。意外风险是除了上述自然因素造成的损失以外,还包括一些人为因素所造成的后果,它既有人们的过失行为,也有人们的有意行为,如居民使用煤气不当造成的煤气爆炸、坏人纵火烧毁房屋等,这些意外事件都会给投资者带来不同程度的损失。

2. 财务风险

财务风险是指房地产投资者运用财务杠杆,即在使用贷款的条件下,既扩大了投资的利润范围,同时又增加了不确定性,即增加的现金收益不足以偿还债务的可能性。通常将通过借款进行的投资称为负债经营。

3. 经营风险

经营风险是指由于房地产投资经营上的失误(或其可能性),造成的实际经营结果偏离期望值的可能性。内在因素导致的经营风险包括三种情况:一是由于得不到充分市场信息导致经营决策失误;二是由于投资者不懂交易所涉及的众多的法律条文、城市规划条例和赋税规定等造成投资失败;三是企业管理水平低、效率差,如住宅不能及时出售,或者房屋的出租空置率过高,导致经营费用增加,营业净收入低于期望值等。而外在因素的影响导致经营的失败是指周围经济条件可能没有原来预料的那样好,如对沿海一些城市开发的大量高档花园别墅的需求没有预料的那样多,从而出售率或出租率很低,或者价格、租金下降等,都会给投资者造成经营性风险。

4. 市场风险

市场风险是指由房地产市场状况变化的不确定性给房地产投资者带来的风险,主要有以下方面:

(1)购买力风险。购买力风险是指由于社会物价总水平的上升,使投资未来实际收益减少,即购买力降低而形成的风险。因此,购买力风险的大小是与通货膨胀率大小息息相关的。通货膨胀时期,出售或出租房地产的现金不能买到原来能买到的那么多东西,造成购买力下降。购买力风险也会影响消费者,在货币购买力水平普遍下降的情况下,人们会把有限的购买力用到最急需的消费品上,从而影响了对房地产的消费需求。这样即使房地产本身能够保值,由于人们降低了对它的需求,也会导致房地产投资者遭受一定的损失。另外,房地产销售市场上,面临着众多开发商提供的商品房,竞争十分激烈,在买方市场的条件下,能否销售出去,关系到投资的成败得失。所以,销售风险也是市场风险中的主要风险。

(2)变现风险。变现风险是指急于将商品兑换为现金时,由于折价而导致的资金损失的风险。由于房地产商品的实体不能流动,它的变现性也就较差。房地产投资变现风险主要由以下因素造成：一是不能由需求低的地方搬到需求高的地方；二是它的投资周期长，使用周期更长，一笔投资投入后要经过相当长的时间才能将房地产投放到市场上；三是房地产价值量大，占用资金多，交易花费时间也长。这些都影响了房地产资本的流动性，进而影响了其变现性。当投资者为偿债或其他原因需要现金的时候，无法很快完成交易，只能等待合适的机会或以较低的价格卖出，从而蒙受损失。

（3）利率风险。房地产投资由于利率的变化而产生的风险叫做利率风险。利率升高会对房地产产生两个方面的影响：一是对房地产实际价值的折减，利用升高的利率对现金流折现，会使投资项目的财务净现值减少，甚至出现负值；二是因为利率是房地产投资的机会成本的标志，贷款利率提高，会直接增加开发成本，加大投资者的债务负担，导致房地产投资者资金压力加大，还贷困难。在市场利率发生变化的情况下，房地产的价值会发生变化，即使是微小变动也会使房地产市场发生波动。利率降低，房地产的销售额就会提高。两者呈反方向变化。

当前，房地产投资者越来越难得到固定利率的长期抵押贷款，金融机构越来越强调其资金的流动性、盈利性和安全性，其放贷的策略已转向短期融资或浮动利率贷款，我国各商业银行所提供的住房抵押贷款几乎都采用浮动利率。因此，如果融资成本增加，房地产投资者的收益就会下降，其投资物业的价值也就跟着下降。房地产投资者即便得到的是固定利率贷款，在其转售过程中也会因为利率的上升而造成不利的影响，因为新的投资者必须支付较高的融资成本，从而使其置业投资的净经营收益减少，其所能支付的购买价也就大为降低了。

（4）政策风险。政策风险是指由于国家或地方政府的有关房地产投资的各种政策变化而给投资者带来的损失。房地产投资是一项政策性非常强的业务，受多种政策的影响和制约。例如，投资政策、金融政策、产业政策、房地产管理政策和税费政策等。这些都会对房地产投资者收益目标的实现产生巨大的影响，从而给投资者带来风险。投资政策主要是政府对投资活动的管理、制约和导向，这在很大程度上决定了房地产投资的对象、规模和获利情况。金融政策的变化，会影响房地产投资者筹集资金的难度，也会影响房地产的各种金融性抵押活动、贷款行为等，更会影响市场对房地产的需求状况，从而引起房地产市场价格的波动。房地产的管理政策则涉及土地或房产的获得方式、城市的规划与布局、房地产的交易成本等。这些政策性因素的变化，会使投资者的投资收益充满不确定性。

（5）社会风险与政治风险。社会风险与政治风险是指由于政治、经济因素变动，社会习俗、社会经济承受能力以及社会成员的心理状态等方面造成的投资风险。如战争、动乱、政权更迭、经济制裁、领导人的变换等政治因素会影响房地产市场。社会经济周期性波动、社会成员的收入状况与住房制度、居民的观念与消费行为、心理承受能力等也会引起房地产需求和价格的跌落，造成房地产市场的价格波动，从而使投资者的投资收益具有不确定性。

由于房地产投资的具体项目是多种多样的，包括未开发的土地、公寓、住宅、写字楼、仓库、购物中心、宾馆和酒店等。这些具体项目的投资特性不同，因此所面临的主要风险也是不一样的，这就需要投资者通过具体分析，有针对性地加强风险管理，提高房地产投资的经济效益。

二、房地产投资风险的规避和控制

对投资风险的认识在于能及时地发现或预测到这种风险，并能及时采取有效的措施，化解、缓和、减轻和控制这种风险，减少投资者预期收益损失的可能性。

规避和控制风险的基本思想是对某种损失的可能性进行调整，在投资过程中应尽量避免可能出现的情况。如果造成损失的不确定性因素出现的可能性有大有小,则要采取措施使出现的可能性尽量小,进而减少损失。具体而言,风险规避和控制的主要方法如下。

（一）风险回避

风险回避是指在预期收益相同的情况下,选择风险小的房地产项目。在风险程度不同的项目中,选择风险较小的投资项目,可以使投资收益得到有效的保证。只挑选那些结果有把握的项目,可大大减少投资结果本身的不确定性(然而不能减少当通货膨胀率超过投资回报率时的不确定性,以及购买力降低引起的损失)。这种策略的不良后果是得到高额利润的机会也被减少,到期收益值随着风险大小增减是自由市场一个不可避免的特性。假如获利的机会没有相应的风险伴随,投资者将很快涌入市场,使预期收益降低到某一水平,这种水平在其他类似风险的投资机会中也能得到。

（二）风险预控

风险的客观存在使投资者不得不寻找更为积极的办法来预防风险,而做好市场研究是这种积极的办法之一。投资过程中收益和支出的预测,资金的机会成本和市场价值的估算等,都是从市场研究中得到的。全面的市场现状调查、客观的需求供给增长预测、严谨的未来供需缺口分析都要建立在科学手段基础上,单凭主观臆断作出的可行性研究都是导致风险发生的因素。投资者关于投资环境的信息越多,信息的质量越高,那么投资所作的预想可能越准确。对市场信息的细致研究,会导致对开发过程和经营成果较准确的估计,从而使风险在事先就得到很好的控制。

（三）风险组合

风险组合意味着通过多项目投资来分散风险。这种组合有不同项目类型的组合、不同地区项目的组合和不同时间项目的组合。由于不同投资项目的风险收益等因素是不同的,所以实行多项目投资组合可以比所有投资集中于一个项目上获得更稳定的收益。当然,各项目之间的相关性不能太强,相关性太强就会起不到降低风险的作用。这种方法是将许多类似的但不会同时发生的风险集中起来考虑,能较为准确地预测未来风险损失发生的状况,并使这一组合中发生风险的损失部分,能得到其他未发生风险损失且取得风险收益部分的补偿。

有实力的投资者对房地产的投资注重研究其地区分布、时间分布的合理性,既不冒太大的风险,又不失去获取较高收益的机会。房地产商品的位置固定性决定了房地产市场是一个区域性市场,由于各个地区经济政策、投资政策、市场条件和资金供求等各不相同,其对房地产商品价格的影响也各不相同。此外,经济景气程度在各个地区之间也存在着很大差异,将投资分散于不同地区的房地产,就能达到降低房地产风险的目的。另外,确定一个合理的房地产投资间隔,将房地产商品的买、卖分开,也可以避免因房地产市场变化而带来的时间风险。

不过,对于大多数投资者来说,有限的资金难以实现多项目的投资组合,若刻意追求投资组合的话,就可能牺牲规模经济效益。有效的解决方法就是将那些具有同样难题的投资者的有限资金集中起来,统一经营管理,这便是房地产组合投资产生的最根本的原因之一。

（四）风险转移

风险转移是指房地产投资者以某种方式将风险损失转给他人承担。如在租赁房地产业务中租约规定承租人负担所有的经营费用及维修、保养费用甚至税收,就能将经营风险转移给承租人。在长期租约中规定租金随着物价指数上升而相应变动,就能够把购买力风险转移给承租者。另外,有些风险,如由于人们对自然力失去控制或自然本身发生异常所造成损失的可能性,可以事先向专业保险公司投保,这种风险一旦发生,就可以向保险公司索赔,获得保险公司的赔偿,从而将房地产投资风险转移给保险公司,自然风险和意外风险较适合采用此方法。

综上所述,理性的房地产投资者在作一次巨大的投资之前,应该从以下几个方面进行思考:

(1) 仔细确定有关投资收益方面的投资目标,选择可接受的风险和收益水平。

(2) 鉴定主要的风险因素,尽可能地对其进行量化。

(3) 排除某些风险因素,将另外一些风险通过保险或其他手段转嫁掉,将剩余的风险限制在可接受的水平。

(4) 根据总的投资目标,判断预期收益是否足以承担剩余的风险,并作出进行或放弃的决策。

当然,并不是所有的房地产投资活动都代表了理性的、有信息可据的风险承担行为。感情型的房地产投资者可能会走一条完全不同的道路,他们的特征是根据秘密消息或知觉进行投资。感情型的风险承担者,被预期利润的光彩所迷惑,对风险视而不见。

某些风险可以被转嫁掉,或者通过精明的投资管理降低到最小的程度,但风险的避免是有代价的,许多投资者有意地承担一些风险,因为这样做带来的预期收益可能会超过潜在的成本。

案例材料8-1　炒房团的路在何方

"温州炒房团",这个名词在近几年被大家广为熟悉。下面以一个真实的温州炒房人的经历来说明房地产的投资。

41岁的周云连在上海的温州炒房客中小有名气。他领导的这个拥有8名成员的"家庭式炒房团",掌管着将近1个亿的资金,80多套房源。6年前,上海的房地产还没有这样火暴,但温州的房地产已经如火如荼地被当地人炒起来了。周云连耐不住寂寞,一下子投入300万元在温州买了6套房子。3年后,这些房子陆续脱手,周云连挣了个翻番。尝到甜头后,2002年,周云连又甩出将近1 000万元,在杭州买了10套房子,在上海买了8套。2003年,周云连在杭州的房子悉数脱手,在上海的房子也卖出去了5套,又大挣了一笔。尽管这两年温州、杭州和上海等一线城市出台了一些有关遏制炒房的政策,但这并没有阻止周云连炒房的步伐。反而,2003年5月,周云连的4个家在苍南的亲戚看到他炒房势头越来越猛,于是跟周云连商量后,由周云连牵头组成了一个炒房团,专攻上海。2004年6月,又有3个眼红的亲戚跟着加盟。他们在随后的2年内连续出击,收益颇丰。付款最多的一次,是一次性吃下上海的40多套房子,不包括按揭,直接付款1 500多万元。周云连的威信也在博弈中慢慢提升。实际上,周云连一向是个异常谨慎的人。尤其是带着这么一个规模还不算小的炒房团,他感觉肩上的压力越来越大。在多年的炒房生涯中,周云连积累了丰富的经验。"下单迅速,团体购买,出手大方,快进快出,富有视觉冲击力。"这是外界对温州炒房团的整体印象。但周云连不仅胆大,更是心细。每次出手,他不仅要分析环境因素对房地产升值的影响力,还会分析基础设施、市政规划等因素是否扩大了房屋的升值空间。他甚至还会去了解当地人的生活水平以及人员工资等。而对于这几年从中央到地方轮番推动的针对房地产的宏观调控,周云连就不以为然了。"宏观政策,不是一轮又一轮吗?"在去年的这个时候,从中央到上海,都出台了不少杀伤力看起来很强大的政策,但对周云连影响甚微。不仅如此,这两年,中央每每出台新政策,地方上都会有官员站出来说,当地房地产不会受到影响,"房价上涨空间还很大"。宏观调控的屡屡"失效",麻痹了周云连的那根敏感的神经,也直接影响了他对政策的重视程度。

(续上)

但今年,自从"国六条"出台到现在,还没有一个权威官员直接对房价作任何评价。"我犯了经验主义的错误。"他喃喃自语。地方政府的静默,让周云连忐忑不安。他还发现,最近几个新开盘的楼盘,连续两周都是零成交。"并不担心要交多少营业税,就怕房价整体上大幅下降。"周云连说。国务院九部委紧急启动的第二轮宏观调控,让他更无所适从。"全套牢了。"周云连捏断已燃掉半截的香烟,重新点起一支,"很多温州人的房子还没来得及脱手,都很急"。"你说还炒不炒?"周云连见人常发出这样的疑惑。现在周云连手头有18套房子,全在上海,而且全是单价在2万元左右的豪宅。

周云连在盘算着,是不是要把楼盘全部抛出去,"抓紧撤离"。对于这个在上海拼打数年的温州炒家来说,这的确是个艰难抉择。"没有人能说得清还会有多少新政出台。"这正是他举棋不定的深层次原因。

周云连说,他们炒房并不全部依靠自己资金,而大部分是依靠银行贷款。"我们跟银行的关系非常好,一般只要购房者能出示自己的收入证明(温州很多企业主出示的是其营业执照和资产证明),开发商都能帮购房者从银行轻松贷出款来——不管买几套房子。"按照现在的房地产市场模式,只要首付三分之一甚至更少的钱,就可以拥有一座完整的房产,那么温州人上千亿元的炒房资金,即使只有一半是通过贷款方式炒楼,那么它托起的就是一个规模达2 000亿至2 500亿元的房地产市场,加上跟进的炒作资本,银行实际在承担着大部分风险。那么,一旦这个庞大的资金抽出来,上海楼市会有多大的震荡?

"如果地方上能够真正落实中央的政策,炒客肯定会受到重创。"上海市发展研究中心一位专家也断然说道。

周云连何去何从,他不知道。

资料来源:范利祥.21世纪经济报道.2006年06月20日.

复 习 思 考 题

一、多选题

1. 房地产投资所涉及的领域有( )。
   A. 土地买卖　　　B. 旧城改造　　　C. 房屋建设　　　D. 房地产经营
2. 下列选项中,属于房地产直接投资的有( )。
   A. 房地产开发投资　　　　　　　B. 购买房地产投资信托基金
   C. 房地产置业投资　　　　　　　D. 购买住房抵押贷款证券
3. 房地产投资必须具备的三个要素有( )。
   A. 时机　　　　　B. 质量　　　　　C. 地段　　　　　D. 预测
4. 下列选项中,( )属于房地产投资的市场风险。
   A. 财务风险　　　B. 自然风险　　　C. 变现风险　　　D. 政策风险

二、判断题

1. 市场风险是指急于将商品兑换为现金时由于折价而导致资金损失的风险。（ ）
2. 领导人的变换对房地产投资不会造成影响。（ ）
3. 商业房地产投资对象包括写字楼、商场、旅馆、酒店和各种娱乐设施等,这类房地产主要以出租经营为主,收益较高,但同时承担的风险也较大。（ ）
4. 利率降低会使得房地产投资者销售量下降,同时收益也降低。（ ）

三、简答题

1. 简述房地产投资风险的特征。
2. 房地产投资风险的主要类型有哪些？
3. 试分析你所在地区目前房价的现状？哪些地段的房子具有投资增值的可能性？说明理由。

综合测试题

一、单选题

1. 商业银行按照约定条件向客户承诺支付固定收益,银行承担由此产生的投资风险,或银行按照约定条件向客户承诺支付最低收益并承担相关风险,其他投资收益由银行和客户按照合同约定分配,并共同承担相关投资风险,这样的理财计划是（　　）。
   A. 保证收益型理财计划　　　　　　　B. 非保证收益型理财计划
   C. 保本浮动收益理财计划　　　　　　D. 非保本浮动收益理财计划

2. 在经济增长放缓、处于收缩阶段时,个人和家庭应考虑（　　）。
   A. 增持储蓄产品　　　　　　　　　　B. 增持股票
   C. 增持股票型基金　　　　　　　　　D. 减持固定收益类产品

3. 与传统的保险产品相比,现代的保险产品（　　）。
   A. 只有保障功能　　　　　　　　　　B. 兼有保障和投资功能
   C. 不具有投资功能　　　　　　　　　D. 一定程度上降低了收益性

4. 下表为2009年10月23日中国银行的外汇牌价,若个人想要购买10 000美元,需要人民币（　　）元。

货币名称	现汇买入价	现钞买入价	卖出价	基准价
美元	681.36	675.9	684.1	682.75

   A. 68 136　　　B. 67 590　　　C. 68 410　　　D. 68 275

5. 基金份额总额不固定,基金份额可以在基金合同约定的时间和场所申购或者赎回的基金是（　　）。
   A. 契约型基金　　B. 公司型基金　　C. 封闭式基金　　D. 开放式基金

6. 债券发行人不能按照约定的期限和金额偿还本金和支付利息的风险,称为（　　）。
   A. 市场风险　　　B. 违约风险　　　C. 经营风险　　　D. 系统风险

7. （　　）不是上海黄金交易所指定的清算银行。
   A. 中国工商银行　B. 中国建设银行　C. 招商银行　　　D. 中国银行

8. 按照基金规模是否固定,证券投资基金可以划分为（　　）。
   A. 开放式基金和封闭式基金　　　　　B. 上市基金和不上市基金
   C. 私募基金和公募基金　　　　　　　D. 契约型基金和公司型基金

9. 不可能通过股市中投资组合来加以分散,因而又称为不可分散风险的是（　　）。
   A. 财务风险　　　B. 信用风险　　　C. 经营风险　　　D. 系统风险

10. 目前,在我国证券市场以人民币流通交易的股票是（　　）。
    A. A股　　　　　B. B股　　　　　C. H股　　　　　D. S股

11. 目前,我国债券的种类比较多,其中风险最小、安全性最好的要属（　　）。
   A. 政府债券　　　B. 金融债券　　　C. 公司债券　　　D. 企业债券
12. 24K金的实际含金量为（　　）。
   A. 100%　　　B. 99.99%　　　C. 99.9%　　　D. 99.5%
13. 在直接标价和间接标价法下,汇率变动的含义不同,下列选项中,不正确的是（　　）。
   A. 在直接标价法下,外汇汇率上升说明外币值钱了
   B. 在直接标价法下,外汇汇率下跌说明一定数额本币可以换得更多的外币
   C. 在间接标价法下,外汇汇率下跌说明一单位本币可换的外币数量增加了
   D. 在间接标价法下,外汇汇率上升,说明本币升值了
14. 目前,我国的活期存款利率是（　　）。
   A. 0.35%　　　B. 0.36%　　　C. 0.71%　　　D. 0.72%
15. 高先生公务繁忙,经常会出差到外地,并且多乘飞机前往目的地,可以看出高先生面临的（　　）很高。
   A. 生活风险　　　B. 健康风险　　　C. 投资风险　　　D. 意外风险

二、多选题

1. 客户甲于2006年4月15日在中国银行某网点认购了由国泰基金管理有限公司发行的国泰金鹿保本基金。该证券投资基金的当事人中,（　　）。
   A. 客户甲是基金持有人　　　B. 国泰基金管理有限公司是基金管理人
   C. 中国银行是基金管理人　　　D. 中国银行是基金托管人
2. 基金收益包括（　　）。
   A. 利息收入　　　B. 保险赔偿　　　C. 资本利得　　　D. 股利收入
3. 万能寿险的保险费包括（　　）。
   A. 附加保费　　　B. 储蓄保费　　　C. 危险保费　　　D. 财产保费
4. 保险资金可以用于投资（　　）。
   A. 证券投资基金　　　B. 股票市场　　　C. 证券回购　　　D. 债券市场
5. 房地产间接投资形式表现为（　　）。
   A. 房地产开发投资　　　B. 购买房地产开发投资企业的债券、股票
   C. 购买房地产投资信托基金　　　D. 购买住房抵押贷款证券
6. 下列机构中,可以发行金融债券的有（　　）。
   A. 政府部门　　　B. 国家开发银行　　　C. 中国进出口银行　　　D. 企业
7. 普通股股东的权利有（　　）。
   A. 参与公司经营决策权　　　B. 剩余财产分配权
   C. 优先认股权　　　D. 固定股息收入
8. 在购买股票时,股民所要缴的费用有（　　）。
   A. 佣金　　　B. 过户费　　　C. 印花税　　　D. 设备使用费
9. 国内证券交易所包括（　　）。
   A. 上海证券交易所　　　B. 深圳证券交易所
   C. 大连证券交易所　　　D. 郑州证券交易所

10. 外汇理财产品的风险因素有（　　）。
　　A. 汇率风险　　　　B. 利率风险　　　　C. 信用风险　　　　D. 法律风险

三、判断题

1. 个人实盘黄金买卖的投资者在需要时可以向银行申请办理黄金的实物交割。（　　）
2. 总体而言，保险更注重的是保障，而非投资增值。（　　）
3. 为了应付通货膨胀风险，个人和家庭应当增持固定利率债券和其他固定收益产品。
（　　）
4. 股票交易时间为周一至周五上午 9:00～11:30，下午 1:00～15:00。（　　）
5. 封闭式基金成立后其不能根据经营需要追加发行基金的份数。（　　）
6. 基金当天申购后，第二天就可以卖出。（　　）
7. 投资连接保险的收益主要来源于投资账户的收益。（　　）
8. 凭证式债券是没有实物形态，而只是在电脑账户中加以记录的债券。（　　）
9. "不要把所有的鸡蛋放在一个篮子里"，这句话是对投资组合多样化的描述。（　　）
10. 目前，买第一套住房的购房者只需首付房子总价的 20% 就可以了。（　　）

四、简答题

1. 简述技术分析三大合理的市场假设内容。
2. 简述股票的交易程序。
3. 简述保险理财的原则。

五、计算题

1. 股民张某在股市低迷期间，将 100 万炒股资金存入 7 天通知存款，2 个月后，张某可获取多少的存款利息？如果放在活期账户里，利息是多少？两种存款方式比较后，得出什么结论？
2. 某股民 2009 年 10 月 26 日买进"中国银行"股票 1 000 股，买入价 4.20 元，问：
（1）王先生买入时的成交金额是多少？
（2）王先生买入时，若按 3‰ 的佣金费率，应缴纳的手续费是多少？
（3）若王先生以 5 元价格卖出该股票，按 1‰ 印花税税率计算，应缴纳多少印花税？

复习思考题答案

第 一 章

一、填空题

1. 固定的储蓄、追求高报酬、长期等待
2. 财务独立
3. 整体收益
4. 做好财产组织计划
5. 系统性风险、非系统性风险

二、判断题

1	2	3	4	5
×	√	×	√	×

第 二 章

一、填空题

1. 银行理财产品
2. 信托型、结构型、QDII 型、新股申购型
3. 银行网点、网上银行、手机银行
4. 1 天通知存款、7 天通知存款
5. 第三方存管、券商管证券、银行管资金
6. 储蓄式国债、凭证式国债、记账式国债
7. 寿险、财险

二、判断题

1	2	3	4	5	6	7	8	9	10
√	√	×	√	×	√	×	×	×	√
11	12	13	14	15	16	17	18	19	20
×	√	×	×	√	×	√	×	√	√

第 三 章

一、单选题

1	2	3	4	5
A	D	C	A	D

二、多选题

1	2	3	4	5	6	7	8	9
ABCD	ABC	ABCD	ABD	ABCD	AC	ABCD	ABCD	AB

三、判断题

1	2	3	4	5	6	7	8	9	10	11
√	×	×	×	×	×	×	×	×	×	×

第 四 章

一、单选题

1	2	3	4	5
C	D	A	B	D

二、多选题

1	2	3
ACD	ABCD	ABCD

三、判断题

1	2	3	4	5	6	7	8
√	×	√	×	×	√	×	√

第 五 章

一、单选题

1	2	3	4
B	B	A	C

二、多选题

1	2	3	4
ABCD	ACD	ABC	ABCD

第 六 章

一、填空题

1. 保障第一原则、本金安全原则
2. 保障和投资功能
3. 附加保费、危险保费和储蓄保费
4. 税务优势、债务优势、抵抗通货膨胀优势

二、多选题

1	2	3	4	5
ABCD	ABCD	BCD	ABD	CD

第 七 章

一、填空题

1. 外汇
2. 汇率
3. 间接标价法
4. 升值、贬值
5. 直接
6. 不同货币的兑换、时间

二、多选题

1	2	3
ABD	ABC	AC

第 八 章

一、多选题

1	2	3	4
BCD	AC	ABC	CD

二、判断题

1	2	3	4
×	×	√	×

综合测试题答案

一、单选题

1	2	3	4	5	6	7	8	9	10	11	12	13	14	15
A	A	B	C	D	B	C	A	D	A	A	B	C	B	D

二、多选题

1	2	3	4	5	6	7	8	9	10
ABD	ACD	ABC	ABCD	BCD	BC	ABC	ABC	AB	ABCD

三、判断题

1	2	3	4	5	6	7	8	9	10
×	√	×	×	√	×	√	×	√	×

四、简答题

（略）

五、计算题

1. 解：通知存款利息：$1\,000\,000 \times 1.49\% \div 12 \times 2 = 2\,483$(元)。

    活期存款利息：$1\,000\,000 \times 0.5\% \div 12 \times 2 = 833$(元)。

    答：比活期多了 1 650 元(2 483－833)利息，既保证了用款需要，又可享受高于活期利息的收益。

2. 解：(1) $1\,000 \times 4.20 = 4\,200$(元)。

    (2) $4\,200 \times 3‰ = 12.6$(元)。

    (3) $1\,000 \times 5 \times 1‰ = 5$(元)。

主要参考书目

[1] 田文锦. 金融理财[M]. 北京：机械工业出版社，2006.

[2] 中国金融教育发展基金会金融理财标准委员会(FPSCC). 金融理财原理[M]. 北京：中信出版社，2007.

[3] 魏涛. 投资与理财[M]. 北京：电子工业出版社，2007.

[4] 宋效中. 个人投资理财一本通[M]. 北京：机械工业出版社，2008.

[5] 沈家庆. 个人投资理财[M]. 北京：高等教育出版社，2004.

[6] 王汝梅. 银行理财与个人投资[M]. 北京：中国劳动社会保障出版社，2006.

[7] 林功实. 个人投资理财[M]. 北京：清华大学出版社，2003.

[8] 刘伟. 个人理财[M]. 上海：上海财经大学出版社，2005.

[9] 李心愉. 个人理财[M]. 北京：中国发展出版社，2006.

[10] 雨笋. 银行理财[M]. 北京：中国科学技术出版社，2008.

[11] 君娟. 借银行生财[M]. 上海：上海人民出版社，2009.

教学课件索取单

敬爱的老师：

  感谢您使用 21 世纪中职教育规划教材。为了方便您的教学，本书配有相关的教学课件。如果您需要，请您填写下面表格中的相关信息，并以电子邮件的形式发到我社，我们在核对您的信息后，会免费向您提供教学课件。

我们的联系方式：
地址：上海市中山西路 2230 号立信会计出版社　　　邮　编：200235
电子邮件：victoria_tysx@126.com　　　　　　　　电　话：(021) 64411223(0)

姓　　名		性别		身份证号	
学　　校			学院、系		教研室
学校地址					邮　编
职　　务			职　称		办公电话
E-mail			手　机		宅　电
通信地址					邮　编
教材用量		册	委托订购单位		

您对本书的使用有什么意见和建议？

_____

_____

_____

_____